ALICIA NOORS

LINUX BEFEHLSREFERENZ

SCHNELLEINSTIEG IN DIE ARBEIT MIT DER KONSOLE, REGULÄREN AUSDRÜCKEN UND SHELLSCRIPTING

IMPRESSUM

Bibliografische Information der Deutschen Nationalbibliothek:
Die Deutsche Nationalbibliothek verzeichnet diese Publikation in der
Deutschen Nationalbibliografie; detaillierte bibliografische Daten sind
im Internet über http://dnb.d-nb.de abrufbar.

© 2017-2018 Alicia Noors

Herstellung und Verlag:
BoD – Books on Demand, Norderstedt

ISBN:
978-3752832785

VORWORT

Ohne Unix und Linux gäbe es kaum das Internet wie wir es heute kennen. Linux kommt in den letzten Jahren nicht nur auf Webservern zum Einsatz, sondern findet vermehrt Einzug in die IT-Landschaften vieler Betriebe und Organisationen. Dafür sind nicht zuletzt die Genügsamkeit was Hardware-Anforderungen angeht und die Tatsache, dass Linux und die meisten Serverdienste und Programme die darauf laufen kostenlos sind, verantwortlich...

Also müssen sich immer mehr Administratoren mit Linux beschäftigen und genau für sie habe ich dieses Buch geschrieben. Ein kleiner kompakter Helfer, der die wichtigsten Befehle, das Arbeiten mit regulären Ausdrücken und die Grundlagen der Shellprogrammierung erklärt.

Ziel dieses Buches ist es keinesfalls die Manpages (Hilfetexte zu Linux-Dateien und Befehlen) zu ersetzen. Vielmehr geht es darum dem Leser die gängisten Anwendungsfälle der diversen Befehle näher zu bringen und anhand praktischer Beispiele die einzelnen CLI-Befehle zu erläutern. Dazu werden die einzelnen Befehle thematisch Gruppiert und alphabetisch sortiert, um so ein schnelles Auffinden und Nachlesen der wichtigsten Anwendungsfälle zu ermöglichen.

Für tiefergehende Informationen können Sie die jeweiligen Manpages mit

```
man [befehl]
```

aufrufen.

Außerdem besitzen die meisten Befehle eine Kurzhilfe, die mit dem Schalter -h und/oder --help aufgerufen werden kann.

In diesem Sinne wünsche ich Ihnen einen reibungslosen Einstieg in das meiner Meinung nach beste Betriebsystem der Welt!

Ihre

Alicia Noorz

INHALTSVERZEICHNIS

EINFÜHRUNG IN DIE KOMMANDOZEILE

Die Bash (Bourne-again Shell) ist eine freie Unix-Shell und Teil des GNU-Projekts. Sie ist heute auf vielen Unix- und Linux-Systemen die Standard-Shell. Neben der Bash gibt es noch weitere Shells wie `ksh` (Korn Shell), `csh` (C Shell), uvm.

Die Bourne-again Shell ist weitgehend kompatibel zur Bourne-Shell (`sh`) und beherrscht zusätzlich sowohl die meisten Funktionen der Kornshell (`ksh`) als auch Teile der C-Shell, wie zum Beispiel den Kommando-Verlauf, die `$RANDOM`-Variable und die POSIX-Form der Kommando-Substitution `$([kommando])`. Einige Elemente wie etwa die `**`-Wildcard wurden von der Z Shell (`zsh`) übernommen und Sie wurde um Funktionen wie zB Ganzzahlarithmetik oder eine Vereinfachung der I/O-Umleitungen erweitert.

Die Bash bietet mit ihrer Benutzer-Konfigurationsdatei (`~/.bashrc`) außerdem die Möglichkeit, jedem Benutzer eigene Einstellungen, wie zB eine individuelle Gestaltung des Prompts oder Alias-Namen für Befehle sitzungsübergreifend zu verwenden.

All das macht die Bash zur ersten Wahl als Shell. Jeder der öfter auf der Kommandozeile arbeitet, wird die Vorteile und die Komfort-Funktionen schnell zu schätzen wissen. Daher werden wir uns in diesem Buch auch ausschließlich mit der Bash und dem Bash-Scripting beschäftigen.

In Linux sind die grafische Oberfläche und das Betriebssystem von einander getrennt so ist es möglich und auch üblich, Server gänzlich ohne GUI-Umgebung zu betreiben. Dies verkleinert die Anzahl der installierten Pakete enorm und damit auch die Angriffsfläche die Hackern zur Verfügung steht.

Ein solches System wird dann ausschließlich über die Kommandozeile verwaltet und betrieben.

Im Grunde könnte man meinen, dass die Arbeit mit der Kommandozeile nicht besonders komfortabel sei allerdings bietet die Bash hierzu einige Vereinfachungen.

Zuerst wäre da die Befehls-History zu nennen mit der man zuvor abgesetzte Befehle wieder aufrufen kann. Hierzu kann man mit der Pfeil aufwärts bzw. Pfeil abwärts Taste die zuletzt ausgeführten Befehle durchblättern.

Alternativ dazu kann man mit Strg + r nach einer Zeile im Befehlsverlauf suchen. Nach drücken dieser Tastenkombination verändert sich der Prompt zu (reverse-i-search)`': und wir können die ersten Zeichen des Befehls eingeben den wir suchen. Es wird dann zur ersten passenden Fundstelle gesprungen. Mit Strg + r können wir dann zur nächsten Fundstelle springen.

Will man einen laufenden Befehl abbrechen dann kann man dies in der Regel mit Strg + c erreichen. Alternativ dazu kann man mit Strg + z einen Befehl anhalten ohne ihn ganz abzubrechen. Danach kann man den Befehl mit fg oder bg wieder fortsetzen.

Ein häufiges Problem, dass Anfänger plagt, ist die Tastenkombination Strg + s ... diese speichert nicht etwa eine Eingabe ab, sondern friert das Terminal ein. Es wirkt also auf den ersten Blick so als wäre das Terminal abgestürzt doch mit der Tastenkombination Strg + q können wir das Terminal wieder aufwecken. Speziell wenn man mit einem Editor arbeitet tappt man gern in diese Falle.

Ein weiterer Stolperstein für Windows-Umsteiger ist die Tatsache, dass Unix- und Linux-Systeme Case-sensitive sind - also zwischen Groß- und Kleinschreibung unterschieden wird. Somit sind Abc.txt, ABC.txt und abc.txt drei verschiedene Dateien, die auch im gleichen Ordner liegen dürfen. Genauso verhält es sich mit den Optionen der Programme - hier wären -R und -r ebenfalls zwei verschiedene Optionen.

Oftmals kommt es vor, dass wir Programm-Ausgaben zwischenspeichern oder an ein anderes Programm weiterleiten müssen. Dazu stehen uns gleich zwei Werkzeuge zur Verfügung:

Pipes

... erlauben es die Ausgabe an ein Programm umzuleiten. Oftmals wird soetwas gemacht um lange Ausagaben in einen Pager (Dateibetrachter) zu leiten oder um Zeilen zu zählen.

```
user@acerian:~$ ps ax | wc -l
250
```

Mit dem |-Zeichen (Pipe) wird die Ausgabe von ps ax als Eingabe für wc -l verwendet. Damit zählen wir die Zeilen der Ausgabe. Eine so lange Ausgabe wie hier mit 250 Zeilen können wir auch an einen Dateibetrachter weiterleiten:

```
user@acerian:~$ ps ax | less
  PID TTY       STAT    TIME COMMAND
    1 ?         Ss      0:18 /sbin/init
    2 ?         S       0:00 [kthreadd]
    3 ?         S       0:31 [ksoftirqd/0]
  ... Ausgabe gekürzt
:
```

Umleitungen / Umlenkung / Ausgabeumlenkung

... erlauben es Ausgaben von Programmen in eine Datei umzuleiten oder eine Datei als Eingabe für ein Programm zu verwenden. Ein sehr gängiges Beispiel ist hier das Sichern und Rückspielen von MySQL-Datenbanken:

```
user@acerian:~$ mysqldump -u root dvwa > dvwa.sql
```

Mit > wird die Ausgabe des Befehls (in dem Fall der SQL-Code der Datanbank) in die Datei dvwa.sql geschreiben. Sollte diese Datei bereits existieren, dann wird die Datei überschrieben.

```
user@acerian:~$ mysql -u root dvwa < dvwa.sql
```

Beim wieder Einspielen einer Datenbank wird der Umleitungs-"Pfeil" einfach umgedreht. Das < zeigt auch grafisch deutlich an, wie der Fluss der Daten ist.

Natürlich gibt es auch Fälle in denen man die Datei nicht überschreiben möchte - so zB wenn man eine Log-Datei führen will. Hierzu gibt es die Umleitungs-Operatoren >> und 2>:

```
bash cronjob.sh >> conjob.log 2> conjob.errlog
```

Mit >> werden die Ausgaben der Programme an die Datei conjob.log angehängt. An dieser Stelle sollte ich erwähnen, dass es unter Unix und Linux zwei Ausgabe-Kanäle gibt. Über stdout laufen alle normalen Ausgaben einer Anwendung und stderr liefert alle Fehlermeldungen. In der Regel landen beide Kanäle als Ausgabe am Bildschirm.

Durch 2> lässt sich allerdings der stderr-Kanal an eine separate Datei umleiten. Mit 2>&1 kann man stderr auch in die gleiche Datei umleiten wie Stdout. zB befehl > out.txt 2>&1 bedeutet die Ausgabe von befehl (Stdout und stderr) nach out.txt umzuleiten.

Oftmals kommt es vor, dass ein Befehl länger dauert - typisch wäre hierfür ein aufwändigeres Script, ein Backup, das Packen oder Entpacken von Daten, etc. Wenn wir nicht wollen, dass das Terminal während der Ausführung eines Kommandos blockiert wird können wir mit & einen Befehl im Hintergrund starten:

```
user@acerian:~$ bash machwas.sh &
[1] 14996
user@acerian:~$ ls | wc -l
186
user@acerian:~$ Script beendet!
[1]+  Fertig                  bash machwas.sh
user@acerian:~$
```

Hier zeigt uns die Ausgabe von [1] 14996 an, dass das Shellscript machwas.sh mit der PID (eindeutige Prozessnummer) 14996 im Hintergrund läuft. Das ls | wc -l zeigt gut, dass wir währenddessen das Terminal-

Fenster weiter benutzen können und sobald der Befehl fertig ist wird die Ausgabe des Scripts (Script beendet!) angezeigt. Durch einen Tastendruck erhalten wir nochmals die Info von System, dass das Script beendet wurde.

!! - letzten Befehl nochmal ausführen

Eine weitere Möglichkeit den zuvor verwendeten Befehl erneut aufzurufen ist !!. Dies ist meist sinnvoll wenn wir einen Befehl versehentlich als normaler User abgesetzt haben der administrative Rechte benötigt. In so einem Fall können wir mit sudo !! den letzten Befehl als Administrator wiederholen und wir ersparen uns etwas Tipparbeit.

Vervollständigung

Mit Hilfe der Tab-Taste (Tabulator) lassen sich Datei- und Ordnernamen sowie Befehle vervollständigen. Sehen wir uns dazu ein Beispiel an:

```
user@acerian:~$ cd D[TAB]
user@acerian:~$ cd Do
```

Geben wir cd D ein und drücken [TAB] wird ein o ergänzt. Dies ist kein Fehler aber nach dem o kann die Bash nicht eindeutig feststellen welchen Ordner wir öffnen wollen.

```
user@acerian:~$ cd Do[TAB][TAB]
Dokumente/ Downloads/
```

Durch zweifaches drücken von [TAB] wird dann eine Liste der möglichen Optionen ausgegeben - hier zB Dokumente/ und Downloads/

```
user@acerian:~$ cd Dow[TAB]
user@acerian:~$ cd Downloads/
```

Sobald wir nun ein w ergänzen wird eindeutig klar in welchen Ordner wir wechseln wollen und mit [TAB] kann der restliche Ordnername ergänzt werden.

Alternativen

Durch die Verwendung von `{}` kann einem Befehl eine Liste von Alternativen übergeben werden. zB `ls {*.pdf,*.docx,*.rtf,*.txt}`

Wichtig hierbei ist, dass die einzelnen Einträge mit einem `,` getrennt werden müssen und es keine Leerräume in der Liste geben darf!

ABSOLUTE VS. RELATIVE ADRESSIERUNG

Die relative Adressierung geht von dem Punkt im Dateisystem aus an dem wir uns aktuell befinden. Um dies zu demonstrieren verwende ich den Befehl `cd`.

```
user@acerian:~$ cd Downloads/
user@acerian:~/Downloads$
```

Im oberen Beispiel zeigt das `:~$` an, dass wir im Home-Ordner stehen und ein `cd Downloads/` bringt uns dann in den Unterordner Downloads.

In diesem zusammenmang gibt es noch zwei spezielle Ordner:

```
./        ist der aktuelle Ordner
../       ist der übergeordnete Ordner
```

So springen wir mit `cd ..` eine Ebene nach oben im Verzeichnisbaum.

```
user@acerian:~/Downloads$ cd /tmp/.font-unix/
user@acerian:/tmp/.font-unix$
```

Die absolute Adressierung geht vom Wurzel-Verzeichnis (/) aus und gibt immer den kompletten Pfad an.

So gut wie immer wenn es um Pfadangaben geht, können Sie wahlweise mit absoluter oder relativer Adressierung arbeiten. Eine der Ausnahmen ist hier zB die Benutzerverwaltung bei der Pfade zur Shell und zum Benutzer-Ordner absolut anzugeben sind.

ADMINISTRATOR (ROOT) VS. NORMALER USER

Unix- und Linux-Systeme haben einen Administrator-Account mit dem Namen root. Dieser Account hat in der Regel die UID (User-ID) 0 und GID (Gruppen-ID) 0.

Befehle, die root-Rechte erfordern werde ich auch unter root ausführen um Sie auf diesen Umstand hinzuweisen.

Aus Sicherheitsgründen sollte man **nicht** mit dem root-Account dauerhaft am Rechner arbeiten und sich schon gar nicht in der grafischen Umgebung als root anmelden! Viele Systeme lassen dies auch gar nicht zu, ohne umfangreiche Konfigurationsänderungen am System.

Daher gibt es einige Wege sich in einem Terminal dauerhaft oder zeitweise root-Rechte zu verschaffen:

SU (switch user)

Erlaubt es den User zu wechseln. Ohne Angabe eines Usernamens wechselt man zum Benutzer root. Hierbei kann mit der zusätzlichen Angabe von – ein vollständiger Login ausgeführt und somit alle Start-Dateien des Users root ausgeführt werden.

```
user@acerian:~$ su -
Passwort:
root@acerian:~# id
uid=0(root) gid=0(root) Gruppen=0(root)
root@acerian:~# su maxtest
maxtest@acerian:/root$ id
uid=1001(maxtest) gid=1001(fibu) Gruppen=1001(fibu)
```

Wie Sie anhand der Ausgabe von id sehen wechseln wir zwischen den unterschiedlichen Usern herum. Ein normaler User wird hierzu natürlich zur Angabe des Account-Passworts aufgefordert in den er wechseln möchte. root hingegen kann auch ohne Passwort sofort in jeden Account schlüpfen.

sudo (superuser do)

Kann dazu verwendet werden einen Befehl mit `root`-Rechten auszuführen. Nach der Eingabe des User-Passworts wird ein Befehl mit `root`-Rechten gestartet.

Natürlich kann nicht jeder User `sudo` verwenden. Die dazu berechtigten User werden in der Datei `/etc/sudoers` konfiguriert. Darüber hinaus ist es so möglich nur einen bestimmten Teil der `root`-Privilegien (zB nur die Userverwaltung) an einen bestimmten User zu deligieren.

```
user@acerian:~$ mkdir /opt/myapp
mkdir: das Verzeichnis „/opt/myapp" kann nicht angelegt werden:
Keine Berechtigung
user@acerian:~$ sudo mkdir /opt/myapp
[sudo] Passwort für user:
user@acerian:~$
```

Die Verwaltung erfolgt mit:

```
root@acerian:~# visudo -f /etc/sudoers
```

In dieser Datei können einzelne Befehle oder Befehlsgruppen (über einen Aliasnamen zusammengefasst) einem User bzw. einer Gruppe zugewiesen werden. Hierzu ein Beispiel:

```
Cmd_Alias NETWORK = /sbin/ip, /sbin/ifdown, /sbin/ifup
%admin ALL=(ALL) ALL
%netadmin ALL=NETWORK
```

Hier wird zuerst der Alias NETWORK mit den drei Befehlen `ip`, `ifdown` und `ifup` definiert.

Danach werden den Mitgliedern der Linux-Gruppe `admin` alle `root`-Rechte zugestanden und den Mitgliedern der Gruppe `netadmin` wird das Ausführen der drei zuvor definierten Kommandos als `root` erlaubt.

BENUTZERVERWALTUNG

`adduser`	Hinzufügen eines Benutzers
`addgroup`	Hinzufügen einer Gruppe
`chage`	Passwort-Gültigkeit anzeigen und ändern
`chfn`	erweiterte Benutzerinformationen anpassen
`chsh`	Ändern der Standard-Shell des Benutzers
`delgroup`	Löschen einer Gruppe
`deluser`	Löschung eines Benutzers
`groupadd`	Hinzufügen einer Gruppe
`groupdel`	Löschung einer Gruppe
`groupmod`	Bearbeitung einer Gruppe
`groups`	Guppenmitgliedschaft eines Users anzeigen
`id`	Anzeige der Benutzer- und Gruppenkennung (ID)
`last`	Letzte Logins anzeigen
`lastb`	Fehlgeschlagene Login-Versuche anzeigen
`faillog`	Anzeige der Fehllogins und setzen der Login-Fehlerlimits
`newgrp`	Änderung der Gruppe des aktuellen Benutzers
`passwd`	Änderung des Passworts eines Benutzers
`useradd`	neuen User anlegen

`userdel`	User löschen
`usermod`	Bearbeitung eines Benutzerkontos
`users`	Anzeige der gegenwärtig angemeldeten User
`w`	Zeigt eingeloggte User und deren Prozesse
`who`	Aktuell eingeloggte User anzeigen
`whoami`	Aktuelle Benutzerkennung anzeigen

Linux ist ein sogenanntes Mulit-User Betriebssystem. Benutzer werden darüber hinaus in Gruppen organisiert. Am einfachsten kann man sich die User als Angestellte einer Firma und die Gruppen als Abteilungen vorstellen.

Das bedeutet aber auch, dass das System Prozesse, Verzeichnisse, Dateien, etc. immer einem User zuordnet und darüber hinaus ein System aus Berechtigungen auf User- und Gruppenebene dafür sorgt, dass kein User Zugriff auf Daten bekommt, die nicht für seine Augen bestimmt sind.

Außerdem kann man zwischen normalen Usern (reale Personen die sich einloggen dürfen) und Systemusern (User unter denen Systemdienste wie zB ein FTP-Server oder Webserver laufen) unterscheiden.

adduser

Dieser Befehl vereint das anlegen von Gruppen und Benutzern in einem. Bevor wir einen User anlegen und einer Gruppe hinzufügen, muss diese Gruppe existieren.

```
root@acerian:~# adduser --group fibu
```
Anlegen einer Gruppe mit dem Namen "fibu".

```
root@acerian:~# adduser --home /home/maxtest --shell /
bin/bash --gid 1003 maxtest
```
Anlegen des Benutzers "maxtest". Mit --home wird das Heimatverzeichnis definiert, --shell legt die Login-Shell fest und --gid definiert die Gruppe. Mit --system könnte man einen Systembenutzer erstellen.

Beim Erstellen des Benutzers werden die Dateien aus dem Ordner /etc/skel/ in den neuen Benutzer-Ordner kopiert. Darin befinden sich die versteckten Dateien .bash_logout, .bashrc und .profile welche einige Standard-Einstellungen für die Shell zur Verfügung stellen.

Danach werden wir aufgefordert das User-Passwort zu vergeben und einige allgemeine Daten wie Name, Raumnummer, Telefonnummern, etc. anzugeben.

addgroup

```
root@acerian:~# addgroup einkauf
```
Erstellen der Gruppe "einkauf". Mit dem Schalter --gid könnten wir hier zusätzlich die Gruppen-ID festlegen.

chage

```
root@acerian:~# change maxtest
```
Passwort-Gültigkeitsdauer für User "maxtest" ändern.

```
root@acerian:~# change -l maxtest
```
Passwort-Gültigkeitsdauer für User "maxtest" auflisten (-l).

chfn

Finger zeigt Informationen über einen bestimmten Benutzer auf einem lokalen System oder auf einem fernen Computer an. (Kaum mehr verwendet!)

```
root@acerian:~# chfn maxtest
```
Ändern der Finger-Informationen für den User "maxtest".

Durch eine neue Eingabe überschreiben wir die vorhandenen Werte. Falls wir die Zeile mit Enter bestätigen, ohne eine Eingabe zu tätigen, wird der zuvor eingestellte Wert übernommen. Um ein Feld zu löschen, müssen wir es mit einem Leerzeichen überschreiben.

chsh

```
root@acerian:~# chsh maxtest
```
Ändern der Shell für den User "maxtest".

Hiermit kann nicht nur die Shell geändert, sondern auch ein Login für einen User unterbunden werden. Hierzu kann man /bin/nologin als Shell setzen. Danach ist der User nicht mehr in der Lage sich am System anzumelden.

delgroup

```
root@acerian:~# delgroup bla
```
Löschen der Gruppe "bla".

deluser

```
root@acerian:~# deluser --group lobu
```
Löschen der Gruppe mit dem Namen "lobu".

```
root@acerian:~# deluser --remove-home test
```
Löschen des Users "maxtest" inkl. seines Benutzer-Verzeichnisses

Wir können mit `--remove-home` festlegen, dass das Benutzer-Verzeichnis gelöscht werden soll sowie mit `--backup` und `--backup-to /pfad/zum/ordner/` die Benutzer-Daten vor dem Entfernen sichern.

Außerdem steht uns auch der Schalter `--system` zur Verfügung, der einen User oder eine Gruppe nur dann löscht, wenn es ein Systembenutzer oder eine Systemgruppe ist.

groupadd

```
root@acerian:~# groupadd verwaltung
```
Erzeugen der Gruppe "verwaltung"

```
root@acerian:~# groupadd -r www
```
Erzeugen der Systemgruppe "www"

Hierbei können wir mit `-g` zusätzlich die Gruppen-ID bestimmen.

groupdel

```
root@acerian:~# groupdel einkauf
```
Löschen der Gruppe "einkauf".

Mit `-f` wird das Löschen erzwungen auch wenn der Gruppe Benutzer zugeordnet sind.

groupmod

```
root@acerian:~# groupmod -g 1200 einkauf
```
Ändern der Gruppen-ID (-g) der Gruppe "einkauf" auf 1200.

```
root@acerian:~# groupmod -n ek einkauf
```
Ändern des Namens (-n) der Gruppe "einkauf" auf ek.

groups

```
root@acerian:~# groups maxtest
```
Gruppenzugehörigkeit vom User "maxtest" anzeigen.

```
root@acerian:~# groups
```
Eigene Gruppenzugehörigkeit (aktuell verwendeter Benutzer) anzeigen.

id

```
user@acerian:~$ id maxtest
```
Anzeige der User- und Gruppen-IDs von "maxtest"

```
user@acerian:~$ id
```
Anzeige der eigenen User- und Gruppen-IDs (aktuell verwendeter Benutzer).

last

```
user@acerian:~$ last
```
Anzeige der letzten Logins des aktuell verwendeten Users (user).

```
user@acerian:~$ last -n 10 tomek
```
Die letzten 10 Login-Sessions (-n 10) des Users "tomek" anzeigen.

lastb

```
root@acerian:~# lastb -n 10 tomek
```
Die letzten 10 Login-Fehlversuche (-n 10) des Users "tomek" anzeigen.

faillog

```
root@acerian:~# faillog -a
```
Faillog-Datei anzeigen (Login-Fehlversuche für alle User).

```
root@acerian:~# faillog -u tomek -m 3 -l 180
```
Für den User (-u) "tomek" das Limit (-m für maximum) der Fehlversuche auf
3 setzen und beim Überschreiten dieses Fehlversuch-Limits den User für
180 Sek. sperren (-l für lock).

```
root@acerian:~# faillog -u tomek -r
```
Der Fehler-Zählstand des Users "tomek" auf 0 zurücksetzen und den
Account entsperren.

newgrp

```
user@acerian:~$ newgrp - ek
```
Wechseln der eigenen Gruppenzugehörigkeit (maxtest) zur Gruppe "ek".

Durch das - (Minus-Zeichen) werden zusätzlich die Umgebungsvariablen neu
geladen, genau wie bei einem regulären Login.

passwd

```
user@acerian:~$ passwd
```
Ändern des eigenen (maxtest) Passwortes.
(Aus Sicherheitsgründen wird hierfür zuerst das aktuelle Passwort abgefragt.)

```
root@acerian:~# passwd maxtest
```
Ändern des Passwortes des Users "maxtest".

```
root@acerian:~# passwd -d maxtest
```
Löschen des Passwortes des Users "maxtest".

Der User `root` darf natürlich die Passwörter jedes Users ändern. Dazu ruft er `passwd [username]` auf und muss nicht einmal das aktuelle Passwort eingeben.

Außerdem erlauben es die Schalter -l (lock) und -u (unlock) den User zu sperren bzw. zu entsperren.

useradd

```
root@acerian:~# useradd -d /home/tomek -g 1200 -m -s
/bin/bash tomek
```
Anlegen des Users "tomek".

Mit -d legen wir das Heim-Verzeichnis fest und -m veranlasst das Anlegen dieses Verzeichnises. Mit -g legen wir die GID und mit -s die Shell fest.

Mit dem Schalter -r könnte man einen Systembenutzer anlegen und mit -u die UID festlegen.

userdel

```
root@acerian:~# userdel -r tomek
```
Löschen eines Benutzers "tomek" inkl. des Benutzer-Ordners und des Mail-Spool-Verzeichnises (-r für remove userdata).

usermod

```
root@acerian:~# usermod -g ek maxtest
```
Ändern der primären Gruppe des Users "maxtest" auf "ek"

```
root@acerian:~# usermod -G verwaltung maxtest
```
Hinzufügen des Users "maxtest" in die Gruppe "verwaltung"

```
root@acerian:~# usermod -s /bin/bash maxtest
```
Ändern der Login-Shell für den User

```
root@acerian:~# usermod -m -d /home/max maxtest
```
Ändern des Heim-Verzeichnises (-d für directory) und verschieben (-m für move) der Daten in das neue Verzeichnis.

```
root@acerian:~# usermod -e 2018-12-31 maxtest
```
Ablaufdatum (-e für expires) für das Benutzerkonto "maxtest" festlegen.

Außerdem erlauben es die Schalter -L (lock) und -U (unlock) den User zu sperren bzw. zu entsperren.

users

```
user@acerian:~$ users
```
Anzeigen der aktuell eingeloggten Benutzer.

w

```
user@acerian:~$ w
```
Anzeigen der aktuell eingeloggten User und aktueller Prozess.

who

```
user@acerian:~$ who
```
Anzeigen der aktuell eingeloggten User.

whoami (who am i)

```
user@acerian:~$ whoami
```
Anzeigen der aktuell verwendeten Userkennung (Username).

Alle Gruppen anzeigen

Dazu gibt es keinen eigenen Befehl aber die Gruppen werden in der Datei
/etc/group gespeichert. Daher genügt es sich diese Datei anzeigen zu
lassen:

```
root@acerian:~# cat /etc/group
root:x:0:
... Ausgabe gekürzt
verwaltung:x:1003:maxtest,petramueller
```
Diese Datei besteht aus vier Feldern, die durch einen : getrennt sind. Der
Aufbau der Felder ist wie folgt:

```
[GRUPPENNAME]:[PASSWORT]:[GRUPPEN-ID]:[BENUTZERLISTE]
```

Das x in Feld zwei bedeutet, dass das Gruppen-Passwort in der Datei
/etc/gshadow abgelegt ist. Die Benutzer in der Liste im vierten Feld werden einfach mit Beistrichen getrennt.

Alle User anzeigen

Auch hierfür gibt es keinen eigenen Befehl. Die User-Informationen lassen
sich aber aus der Datei /etc/passwd auslesen:

```
root@acerian:~# cat /etc/passwd
... Ausgabe gekürzt
maxtest:x:1001:1001:Max Test,103,,:/home/maxtest:/bin/sh
```

Diese Datei besteht aus sieben Feldern, die durch einen : getrennt sind.
Der Aufbau der Felder ist wie folgt:

```
[USERNAME]:[PASSWORT]:[UID]:[GID]:[FINGER-INFOS]:[HOME-
VERZEICHNIS]:[SHELL]
```

Das x in Feld zwei bedeutet, dass das User-Passwort in der Datei
/etc/shadow abgelegt ist. Die Finger-Informationen werden mit Beistrichen getrennt.

DATEIBEARBEITUNG UND -VERWALTUNG

`basename`	Rückgabe des Dateinamens
`cat`	Verknüpfung und Anzeige von Dateien
`cd`	Wechsel des Arbeitsverzeichnisses
`cmp`	Daten byteweise vergleichen
`comm`	Sortierte Dateien zeilenweise vergleichen
`cp`	Kopie von Dateien oder Verzeichnissen
`csplit`	Datei an einer definierten Stelle (Suchmuster) teilen
`cut`	Spaltenweise manipulieren von Text
`df`	Freien Speicherplatz anzeigen
`diff`	Textdateien miteinander vergleichen
`dirname`	Verzeichnisname anzeigen
`dirs`	Aktuellen Verzeichnispfad anzeigen
`du`	Belegten Speicherplatz anzeigen
`echo`	Anzeige eines Textes
`file`	Dateiinfos anzeigen
`find` .	Suchen nach Dateien
`grep`	Reguläre Ausdrücke in Dateien suchen
`hd`	Datei im Hexadezimal-Format ausgeben

`head`	Ersten Zeilen einer Datei anzeigen
`iconv`	Datei in einem anderen Zeichensatz konvertieren
`info`	Anzeige einer Hilfe-Datei
`join`	Gesplittete Dateien zusammenfügen
`less`	Dateibetrachter
`ln`	Link zu einer Datei oder einem Verzeichnis
`locate`	Dateien Suchen indem die locatedb abgefragt wird
`lpr / lp`	Datei drucken
`ls`	Auflistung von Dateien
`md5sum`	MD5 Prüfsumme errechnen
`mkdir`	Erzeugung von Verzeichnissen
`more`	Dateibetrachter
`mv`	Verschieben bzw. Umbenennen einer Datei
`nl`	Datei inkl. Zeilennummern anzeigen
`paste`	Daten aus mehreren Dateien spaltenweise zusammen-führen
`pwd`	Anzeige des aktuellen Ordners
`rm`	Löschen von Dateien und Verzeichnissen
`rmdir`	Löschen eines leeren Verzeichnisses

`rsync`	Dateien zwischen zwei Laufwerken oder Ordnern synchronisieren
`script`	Terminalsession (Usereingaben und Programmausgaben) mitloggen
`sed`	Textstrom mit regulären Ausdrücken bearbeiten
`sha1sum`	SHA1 Prüfsumme errechnen
`shred`	Daten sicher löschen
`sort`	Dateiinhalt alphabetisch sortieren
`split`	Datei in Einzelteile aufsplitten
`stat`	Zeitstempel von Dateien und Ordnern anzeigen
`tail`	Anzeige der letzten Zeilen einer Datei
`touch`	Änderung der Zugriffs- und Änderungszeitstempel einer Datei oder eines Verzeichnisses (auch: Erstellen von Dateien)
`tr`	Einzelne Zeichen einer Datei ersetzen bzw. löschen
`tree`	Verzeichnishierarchie als Baumstruktur ausgeben
`type`	Kommandotyp anzeigen
`uniq`	Doppelte aufeinander folgende Zeilen zusammenfassen
`unlink`	Löschen eines Links
`updatedb`	Locatedb aktualisieren
`wc`	Wörter und Zeilen zählen

basename

Extrahieren des Datei- oder Ordnernamens aus einem Pfad:

```
user@acerian:~$ basename /usr/share/fonts/truetype/deja-
vu/DejaVuSans-Bold.ttf
DejaVuSans-Bold.ttf

user@acerian:~$ basename /usr/share/fonts/truetype/
truetype
```

cat

```
user@acerian:~$ cat /var/log/messages
```
Inhalt der Datei "messages" ausgeben.

```
user@acerian:~$ cat Datei1.txt Datei2.txt
```
Inhalt von Datei1.txt und Datei2.txt nacheinander ausgeben.

```
user@acerian:~$ cat Datei1.txt Datei2.txt > Alles.txt
```
Inhalt von Datei1.txt und Datei2.txt nacheinander in Alles.txt schreiben.

```
user@acerian:~$ cat >> Datei.txt
```
Texteingabe an Datei.txt anhängen. (Beenden der Eingabe mit Strg + c)

cd

```
user@acerian:~$ cd Downloads/
```
In das Unterverzeichnis Downloads wechseln. (relative Adressierung)

```
user@acerian:~/Downloads/$ cd
```
In das Heim-Verzeichnis es jeweiligen Users wechseln. (alternativ cd ~)

```
user@acerian:~$ cd /var/log/
```
In das log-Verzeichnis wechseln. (absolute Adressierung)

```
user@acerian:/var/log/$ cd ..
```
In das übergeordnete Verzeichnis (var) wechseln. (relative Adressierung)

cmp

```
user@acerian:~$ cmp -b /bin/ls /bin/df
```
Zeigt das erste unterschiedliche Byte zwischen den zwei Dateien an.

```
user@acerian:~$ cmp -l /bin/ls /bin/df
```
Zeigt alle unterschiedlichen Bytes zwischen den zwei Dateien an.

comm

```
user@acerian:/home/max$ comm file.txt test.txt
```
Vergleich zwischen file.txt und test.txt mit einer dreispaltigen Ausgabe. Spalte 1 enthält Zeilen, die nur in Datei 1 sind, Spalte 2 dementsprechend Zeilen aus Datei 2, und Spalte 3 die Zeilen, die in beiden Dateien gleich sind.

Mit dem Schaltern -1, -2 und -3 lassen sich die Spalten 1, 2 oder 3 deaktivieren.

cp

```
user@acerian:~$ cp Datei1.txt Datei1.bak
```
Kopieren von Datei1.txt und speichern der Kopie als Datei1.bak.

```
user@acerian:~$ cp -ru /home/user/ /NAS/
```
Kopieren des ganzen Benutzer-Ordners nach /NAS/ inkl. aller Unterordner (-r für rekrusiv) und -u für update (nur kopieren wenn die Quelldatei neuer ist oder die Zieldatei nicht existiert).

Weiters sind noch die Optionen -v (verbose) für eine ausführliche Ausgabe und -a (Archivierung) von Bedeutung. Bei der Archivierung wird dann versucht, sofern möglich, alle Dateiattribute (Besitzer, Gruppe, Dateirechte, ...) zu erhalten.

Außerdem kann man mit –f (force) Dateien ohne Rückfrage überschreiben und die Option –i (interaktive) sorgt für eine Sicherheitsfrage vor dem Überschreiben.

csplit

```
user@acerian:~$ csplit test.txt /foo/
```
Splitten der Datei test.txt vor der Zeile in der "foo" gefunden wird. Hierbei wird mit Mustern gearbeitet... (siehe reguläre Ausdrücke)

Diese Muster können wie folgt aussehen:

GANZZAHL	bis zu angegebener Zeilennummer kopieren (ausschließlich)
/REGEXP/[OFFSET]	bis zu entsprechender Zeile kopieren (ausschließlich)
%%REGEXP%%[OFFSET]	bis zu entsprechender Zeile übergehen (ausschließlich)

Als Offset wird ein + oder – gefolgt von einer Ganzzahl angegeben.

cut

```
user@acerian:~$ cut -f 2 -d " " test.txt
```
Die Datei test.txt zeilenweise lesen und die Zeilen an einem Leerzeichen (–d für delimiter bzw. Feldtrenner) in Spalten trennen und nur Spalte 2 ausgeben.

```
user@acerian:~$ cut -c 1-3 test.txt
```
Die Datei test.txt zeilenweise lesen und die Zeichen 1 bis 3 jeder Zeile ausgeben.

df

```
user@acerian:~$ df -h
```
Anzeige des freien Speicherplatzes auf Festplatten und USB-Laufwerken (–h für human readable).

diff

```
user@acerian:~$ diff test.txt file.txt
```
Text-Dateien miteinander Vergleichen und Unterschiede anzeigen

dirname

Ausgabe des Basisordners einer Pfadangabe

```
user@acerian:~$ dirname /usr/share/fonts/truetype/deja-
vu/DejaVuSans-Bold.ttf
/usr/share/fonts/truetype/dejavu
```

```
user@acerian:~$ dirname /usr/share/fonts/truetype/
/usr/share/fonts
```

Hierbei kann eine Datei oder ein Ordner angegeben werden - der Befehl liefert immer den Ordner in dem sich die Datei oder das Verzeichnis befindet.

dirs

```
user@acerian:~/Downloads$ dirs
```
Anzeige des aktuellen Standortes im Dateisystem (~/Downloads).
(Der Benutzer-Ordner wird hierbei mit der Kurzschreibweise ~ angegeben)

du

```
user@acerian:~$ du -sh ./PyCoding
```
Anzeige des Speicherverbrauchs des gesamten Ordners (-s für summarize).

```
user@acerian:~$ du -sh /home/user/.mozilla/*
20K      /home/user/.mozilla/extensions
352M     /home/user/.mozilla/firefox
4,0K     /home/user/.mozilla/plugins
```

Die Option -s (summarize) sorgt dafür, dass nicht jede Datei einzeln aus-gelistet wird und die Summe für den gesamten Pfad angezeigt wird. Bei der Verwendung von Wildcarts wie hier dem * wird jedes Unterelement aufsummiert. Hierbei werden Unterordner-Strukturen, die tiefer als eine Ebene reichen wiederum zusammengefasst.

Die Option -h steht wiederum für "human readable" und sorgt für eine Ausgabe in KB, MB oder GB je nach dem was passt.

echo

```
user@acerian:~$ echo "Bla blub foo"
```
Textausgabe nach Stdout (inkl. Zeilenschaltung am Ende)
(Mit der Option -n wird der Zeilenumbruch am Ende der Ausgabe unterdrückt.)

file

```
user@acerian:~$ file Datei1.txt API.pdf
Datei1.txt: ASCII text
API.pdf: PDF document, version 1.4
```
Dateityp anzeigen

find

```
user@acerian:~$ find . -iname "*.txt"
```
Alle txt-Dateien im aktuellen Ordner und den Unterordnern suchen.
(-iname ignoriert die Groß- und Kleinschreibung bei der Suche)

```
user@acerian:~$ find . ! -perm 644 -type f
```
Findet alle Dateien (-type f für normale Dateien) im aktuellen Ordner und den Unterordnern deren Dateirechte (-perm) nicht (!) dem Werte 644 entsprechen. (mehr dazu siehe Kapitel Dateirechte)

```
user@acerian:~$ find /tmp -user maxtest
```
Alle Dateien und Ordner in /tmp finden, die "maxtest" gehören.

```
user@acerian:~$ find /BACKUP/ -maxdepth 1 -mtime +60
-iname "*.sql"
```
Finde in /BACKUP/ alle sql-Dateien (-iname "*.sql") die vor mehr als 60 Tagen erstellt wurden (-mtime +60) und Durchsuche nur die erste Ebene (-maxdepth 1 bedeutet soviel wie exklusive Unterordner).

grep

```
user@acerian:~$ grep foo test.txt
```
Zeige alle Zeilen aus der Datei test.txt die "foo" enthalten an.

```
user@acerian:~$ grep -i Bla test.txt
```
Zeige alle Zeilen aus der Datei test.txt die "Bla" enthalten an und ignorierte die Groß- und Kleinschreibung bei der Suche (-i für ignorecase).

```
user@acerian:~$ grep -l bla ./*
```
Listet alle Dateien im aktuellen Ordner (./) auf in denen "bla" vorkommt.

```
user@acerian:~$ grep -c foo test.txt
```
Zählt die Zeilen aus der Datei test.txt die "foo" enthalten.

hd

```
user@acerian:~$ hd test.txt
```
Zeigt die Datei text.txt im hexadezimalen Format an.

head

```
user@acerian:~$ head test.txt
```
Zeigt die obersten Zeilen der Datei test.txt an.

```
user@acerian:~$ head -n 12 test.txt
```
Zeigt die obersten 12 Zeilen (-n für number of lines) der Datei test.txt an.

iconv

```
user@acerian:~$ iconv -f utf-8 -t iso-8859-1 test.txt -o
testISO.txt
```
Konvertiere die Datei test.txt von (-f für from encoding) UFT-8 nach (-t für to encoding) ISO-8859-1 und speichert (-o für output file) die konvertierte Datei als testISO.txt ab.

join

```
user@acerian:~$ join Datei1.txt Datei2.txt
```
Zusammenführen von Zeilen in Datei1.txt und Datei2.txt mit identischen Verschmelzungsfeldern.

zB aus den Zeilen 1 AAA (Datei1.txt) und 1 BBB (Datei2.txt) wird die neue Zeile 1 AAA BBB gebildet!

less

Anzeigen von langen Ausgaben oder Dateien

```
user@acerian:~$ less /etc/php/7.0/apache2/php.ini
; display_errors
;   Default Value: On
;   Development Value: On
;   Production Value: Off
... Ausgabe gekürzt
/display_err
```

Sie können dann mit den Pfeiltasten im Dokument navigieren.

Am unteren Ende des Bildschirms erhalten Sie einen Prompt, der mit : beginnt. Wenn Sie /[SUCHMUSTER] eingeben (hier zB /display_err) und mit Enter bestätigen springt der Cursor zum ersten gefundenen Treffer.

Durch drücken der `n`-Taste springen Sie zum nächsten Treffer. Mit Umschalt + n springen Sie zum vorherigen Treffer. Mit `q` beenden Sie `less` wieder.

```
user@acerian:~$ ps ax | less
```
Ausgabe von `ps ax` in `less` anzeigen (Pipe).

ln

```
user@acerian:~$ ln Datei1.txt Datei1.lnk
```
Hardlink von Datei Datei1.txt unter dem Name Datei1.lnk erstellen.

```
user@acerian:~$ ln -s Datei1.txt Datei1.symlnk
```
Symlink von Datei Datei1.txt unter dem Name Datei1.symlnk erstellen.

Hardlinks haben den Nachteil, dass sie nicht über die Grenzen von Dateisystemen hinweg verwendet werden können. Daher kommen so gut wie immer symbolische Links (-s für Symlink) zum Einsatz.

locate

```
user@acerian:~$ locate Datei1.txt
```
Suchen der Datei "Datei1.txt" anhand der Einträge in der locatedb.

lpr / lp

```
user@acerian:~$ lpr test.txt
```
Drucken der Datei test.txt am Standarddrucker. (-p um einen Drucker anzugeben)

```
user@acerian:~$ lp test.txt
```
Drucken der Datei test.txt am Standarddrucker. (-d um einen Drucker anzugeben)
`lp` arbeitet im Gegensatz zu `lpr` über CUPS (Common Unix Printing System).

ls

```
user@acerian:~$ ls -lh *.pdf
```
Auflisten von allen PDF-Dateien im aktuellen Ordner. Hierbei wird die lange Darstellung (-l für long output) inkl. Benutzer-Angaben und Dateirechten (siehe Kapitel Dateirechte) verwendet und die Angabe der Dateigrößen werden je nach dem in Bytes, KB, MB oder GB angezeigt (-h für human readable).

```
user@acerian:~$ ls -a /etc/php/7.0/apache2/
```
Anzeigen aller (-a für all files - also auch die versteckten Dateien) Dateien im Ordner /etc/php/7.0/apache2.
-A zeigt versteckete Dateien exklusive . und .. an!

Die Option --color sorgt für eine übersichtlichere Darstellung in der bestimmte Einträge mit einer bestimmten Farbe angezeigt werden. Meist ist dies schon durch einen Alias voreingestellt (siehe Befehl alias).

md5sum

```
user@acerian:~$ md5sum test.zip
```
MD5 Prüfsumme der Datei test.zip errechnen.

mkdir

```
user@acerian:~$ mkdir Ordner1
```
Erzeugen des Ordners "Ordner1"

```
user@acerian:~$ mkdir -p Ordner2/Ordner2.1/Ordner2.1.1
```
Erzeugen der angegebenen Ordnerstruktur (-p für parent - erzeugt nicht vorhandene übergeordnete Ordner ebenfalls).

more

```
user@acerian:~$ more /etc/apache2/apache2.conf
```
Anzeigen der Datei "apache2.conf"

Längere Dateien kann man mit der Leertaste seitenweise vorwärts und mit der B-Taste seitenweise zurück blättern. Mit q beendet man more.

mv

```
user@acerian:~$ mv Bla.txt Bla.old
```
Datei "Bla.txt" in "Bla.old" umbenennen

```
user@acerian:~$ mv daten /Backup/
```
Verschieben des Ordners oder der Datei "daten" in den Ordner /Backup/.

```
user@acerian:~$ mv Datei2.txt Dokumente/NOOBS/Info.txt
```
Verschieben von Datei2.txt in den Unterordner Dokumente/NOOBS/ und gleichzeitiges umbenennen in Info.txt.

Weiters sind noch die Optionen -v (verbose) für eine ausführliche Ausgabe, -f (force) um Dateien ohne Rückfrage zu überschreiben und die Option -i (interaktive) um eine Sicherheitsfrage vor dem Überschreiben zu erhalten von Bedeutung.

nl

```
user@acerian:~$ nl test.txt
```
Ausgabe der Datei test.txt inklusive Zeilennummern.

paste

```
user@acerian:~$ paste file1.txt file2.txt file3.txt
```
Ausgabe der Zeilen der Dateien nebeneinander als Spalten:

```
file1, Zeile 1      file2, Zeile 1      file3, Zeile 1
file1, Zeile 2      file2, Zeile 2      file3, Zeile 2
file1, Zeile 3                          file3, Zeile 3
                                        file3, Zeile 4
```

pwd

```
user@acerian:~/Downloads$ pwd
```
Ausgabe des aktuellen Verzeichnisses (/home/user/Downloads)

rm

```
user@acerian:~$ rm Datei1.bak
```
Löschen der Datei "Datei1.bak"

```
user@acerian:~$ rm -r Downloads/NOOBS/
```
Löschen des Ordners NOOBS inklusive aller Dateien und Unterordner
(-r für rekursiv)

Weiters sind noch die Optionen -v (verbose) für eine ausführliche Ausgabe,
-f (force) um Dateien ohne Rückfrage zu überschreiben und die Option
-i (interaktive) um eine Sicherheitsfrage vor dem Überschreiben zu erhalten
von Bedeutung.

rmdir

```
user@acerian:~$ rmdir /home/user/Bla
```
Löschen des Ordners "Bla" falls dieser Leer ist.

```
user@acerian:~$ rmdir -p Ordner2/Ordner2.1/Ordner2.1.1/
```
Löschen der gesamten Ordnerstruktur falls diese leer ist. (-p für parent - also
inklusive der übergeordneten Ordner)

Sollte der Ordner Daten enthalten quittiert rmdir dies mit einem Fehler.
Wollen Sie einen Ordner mitsamt des Inhaltes löschen nutzen Sie: rm -r.

rsync

```
user@acerian:~$ rsync -a /home/user /BACKUP
```
Backup vom Benutzerverzeichnis erstellen.

Die Option -a (Archivierung) versucht falls es das Ziel-Dateisystem zulässt folgende Daten zu erhalten:

Unterverzeichnisse (wie bei Option -r für rekursiv)
symbolische Links (wie bei Option -l für links)
Rechte der Quelldatei (wie bei Option -p für permissions)
Zeiten der Quelldatei (wie bei Option -t für timestamp)
Gruppenzugehörigkeit der Quelldatei (wie bei Option -g für group)
Besitzer der Quelldatei (wie bei Option -o für owner - NUR ROOT)
Gerätedateien der Quelldatei (wie bei Option -D für devices - NUR ROOT)

rsync ist sehr mächtig wenn es darum geht zwei Datenstände abzugleichen - ein Studium der manpage loht sich hier auf jeden Fall!

script

```
user@acerian:~$ script session.log
```
Alle Benutzereingaben und Programmausgaben nach diesem Befehl in der Datei session.log loggen. Strg + d um das Logging zu beenden.

sed

```
user@acerian:~$ sed 's/bla/blub/g' test.txt
```
Suche (s/) in der Datei test.txt nach "bla" und ersetze es durch "blub".

Führe diese Ersetzung in der ganzen Datei durch (/g für global) und gibt das Ergebnis auf stdout aus.

(Auch hier kommen wieder reguläre Ausdrücke zur Anwendung. - siehe Kapitel reg. Ausdrücke)

sha1sum

```
user@acerian:~$ sha1sum test.zip
```
SHA1 Prüfsumme der Datei test.zip errechnen.

shred

```
user@acerian:~$ shred -vfuzn 10 file1.txt
```
Sicheres löschen von "file1.txt" - hierbei sorgt -v (verbose) für eine ausführliche Ausgabe, -f (force) erzwingt das Überschreiben bzw. hebt einen Schreibschutz auf falls möglich, -u löscht die Datei nach dem Überschreiben, -z (zero) überschreibt die Datei beim letzten Durchgang mit Nullen und -n (number) gibt an, dass 10 Überschreibe-Durchgänge erfolgen sollen.

```
root@acerian:~# shred -vfzn 10 /dev/sda2
```
Sicheres löschen aller Daten (mehrfaches Überschreiben der gesamten Partition inklusive des freien Speichers mit Zufallsdaten) auf der Partition sda2.
(-u ist nicht von Nöten da Gerätedateien nicht gelöscht werden)

sort

```
user@acerian:~$ sort test.txt
```
Sortiere die Datei alphabetisch und gibt das Ergebnis auf stdout aus.

split

```
user@acerian:~$ split -l 200 test.txt
```
Teile die Datei test.txt in Teile zu je 200 Zeilen (-l für lines).

```
user@acerian:~$ split -b 9M test.zip
```
Teile die Datei test.zip in Teile zu je 9 MB (-b für bytes). Außerdem sind noch Angaben in K (Kilobyte), G (Gigabyte) oder lediglich Zahlen (Bytes) möglich.

```
user@acerian:~$ split -n 3 test.txt
```
Teile die Datei test.txt in 3 gleich große Teile (-n für number of parts).

stat

```
user@acerian:~$ stat test.txt
```
Zugriffs- und Änderungszeit sowie Inode, Besitzer, Rechte, etc. anzeigen.

tail

```
user@acerian:~$ tail test.txt
```
Zeigt die letzten Zeilen der Datei test.txt an.

```
user@acerian:~$ tail -n 10 test.txt
```
Zeigt die letzen 10 Zeilen (-n für number of lines) der Datei test.txt an.

touch

```
user@acerian:~$ touch Datei1.txt
```
Zugriffs- und Änderungs-Zeitstempel von Datei1.txt ändern

```
user@acerian:~$ touch neu.txt
```
Existiert die Datei nicht dann legt touch eine leere Datei an.

Bei einem Aufruf ohne Parameter werden alle Zeitstempel einer Datei modifiziert. Über die Schalter -a (access) lässt sich der Zeitstempel des letzten Zugriffs auf den aktuellen Zeitpunkt setzen. Die Option -m (modification) passt stattdessen den Zeitstempel der letzten Änderung an.

```
user@acerian:~$ touch -m -t 1801172239 Datei1.txt
user@acerian:~$ ls -lh Datei1.txt
-rw-r--r-- 2 user user 19 Jan 17 22:39 Datei1.txt
```

Mit -t (timestamp) lässt sich auch ein bestimmter Zeitstempel übergeben. Das Format für -t lautet: JJMMTThhmm (Jahr, Monat, Tag, Stunde, Minute) Daraus ergibt sich bei dem Beispiel der 17.01.2018 um 22:39!

tr

```
user@acerian:~$ tr -s "\n" < /etc/php.ini
```
Die Datei php.ini auf stdout ausgeben und doppelt vorkommende Zeileschaltungen (\n) zu einer einzigen zusammenfassen (-s für squeeze repeats).

```
user@acerian:~$ tr " " ":" < test.txt
```
Datei test.txt ausgeben und alle Leerzeichen durch einen : ersetzen.

```
user@acerian:~$ tr -d " " < test.txt
```
Datei test.txt ausgeben und alle Leerzeichen entfernen.

tree

```
user@acerian:~$ tree /home/user/
```
Das Benutzerverzeichnis als Dateibaum hierarchisch anzeigen.

type

Informationen über den Befehlstyp anzeigen

```
user@acerian:~/Downloads$ type ls
ls ist ein Alias von `ls --color'.
```

```
user@acerian:~/Downloads$ type pwd
pwd ist eine von der Shell mitgelieferte Funktion.
```

uniq

```
user@acerian:~$ uniq test.txt
```
Die Datei test.txt ausgeben und idente aufeinander folgende Zeilen zu einer Zeile zusammenfassen.

Sollen alle doppelt vorkommenden Zeilen entfernt werden muss die Datei zuvor mit sort sortiert werden!

unlink

```
user@acerian:~$ unlink Datei1.lnk
```
Löschen eines Hard- oder symbolischen Links.

updatedb

```
user@acerian:~$ updatedb
```
Locate-DB aktualisieren.

```
user@acerian:~$ updatedb --localpaths='/home/'
```
Locate-DB neu aufbauen und nur die Dateien in den Benutzer-Verzeich-
nissen in die Datenbank aufnehmen. Wie der Parameter vermuten lässt ist
auch die Angabe einer Pfad-Liste möglich:

```
user@acerian:~$ updatedb --localpaths='/home/ /root/'
```
Die Pfade werden hierbei durch Leerzeichen getrennt angegeben.

wc

```
user@acerian:~$ wc test.txt
```
Zeilen, Wörter und Buchstaben der Datei test.txt zählen und ausgeben.

```
user@acerian:~$ wc -l test.txt
```
Nur Zeilen (-l für lines) der Datei test.txt zählen und ausgeben.

Außerdem stehen noch die Optionen -c (Byteanzahl), -m (Zeichenanzahl) und
-w (Wortanzahl) zur Verfügung.

DATEI- UND GRUPPENRECHTE ÄNDERN

chattr   Dateiattribute ändern

chgrp   Gruppe einer Datei oder eines Ordners ändern

chmod   Rechte einer Datei oder eines Ordners ändern

chown   User einer Datei oder eines Ordners ändern

lsattr   Dateiattrubute auflisten

umask   Rechtemaske

Sehen wir uns zunächst einmal an, was die Dateirechte sind. Als Beispiel nehmen wir dazu die Ausgabe von `ls -1`:

```
user@acerian:~$ ls -lh Datei1*
-rw-r--r-- 2 user user 19 Apr 2 11:56 Datei1.lnk
lrwxrwxrwx 1 user user 10 Apr 2 15:25 Datei1.slnk -> Datei1.txt
-rw-r--r-- 2 user user 19 Apr 2 11:56 Datei1.txt
```

Hierbei zeigen die Spalten von links nach rechts folgende Daten an:

Dateityp (– bzw. 1) und -rechte (`rw-r--r--`), Anzahl der Hardlinks (2 bzw. 1), Eigentümer (`user`), Gruppe (`user`), Dateigröße (19 bzw. 10), Änderungszeit (zB `Apr 2 11:56`) und Dateiname (zB `Datei1.txt`).

Die Liste der möglichen Dateitypen laute:

d   Verzeichnis/Ordner
–   normale Datei (zB Programm, Textdatei, PDF, Bild, etc.)
1   Link bzw. Verknüpfung (siehe `ln`)
c   Gerätedatei eines zeichenorientierten Geräts (zB Terminal)
b   Gerätedatei eines blockorientierten Geräts (zB Festplatte)

s   Socket-Datei (für die Interprozess-Kommunikation)

p   Pipe (für die Interprozess-Kommunikation)

In Fall eines Links wird mit `->` `Pfad/zum/Original` auch noch angegeben auf welche Datei der Link verweißt.

Die Dateirechte (zB `rw-r--r--`) gliedern sich in drei Gruppen mit jeweils drei Werten (`r` ... read bzw. lesen, `w` ... write bzw. schreiben und `x` ... execute bzw. ausführen).

Die ersten 3 Zeichen gelten für den Besitzer, die nächsten drei für die Gruppe des Besitzers und die letzten drei für alle anderen. Hier darf der Besitzer die Datei also bearbeiten (`rw-` ... lesen uns schreiben) und die Gruppe sowie alle anderen haben nur Leserechte (`r--` und `r--`).

Wichtig ist hierbei, dass zum Öffnen eines Ordners die Ausführen-Berechtigung vorhanden sein muss andernfalls kann der Ordner nicht geöffnet werden. Weiters kann man durch das Hinzufügen des Execute-Berechtigung eine jede Datei als Programm ausführbar markieren. So kann man beispielsweise eine einfache Script-Datei dazu berechtigen sich nach einem Doppelklick als Programm zu starten. Auch ausführbare Binärdateien benötigen dieses Recht um als Programm laufen zu können.

In der Praxis stößt man oftmals auf die numerische Schreibweise der Rechte. So zB im vorherigen Kapitel beim Befehl `find`. Die Ziffern werden aus der Addition der folgenden Zahlen gebildet:

```
0 ... keine Rechte
1 ... ausführen
2 ... schreiben
4 ... lesen
```

Dies geschieht wiederum für den Eigentümer, die Gruppe und alle Anderen. Sehen wir uns dazu ein Beispiel an:

	User	Gruppe	Andere	**oktal**
rw-r--r--	4+2 = 6	4	4	**644**
rwxr-xr-x	4+2+1 = 7	4+1 = 5	4+1 = 5	**755**
rw-r-----	4+2 = 6	4	0	**640**

chattr

```
root@acerian:/home/max# chattr +i test.txt
```
Der Datei test.txt das Attribut i (Bedeutung siehe lsattr) hinzufügen.

```
root@acerian:/home/max# chattr -i test.txt
```
Von der Datei test.txt das Attribut i (Bedeutung siehe lsattr) entfernen.

chgrp

```
root@acerian:/home/max# chgrp ek test.txt
```
Gruppe der Datei test.txt auf die Gruppe "ek" ändern.

```
root@acerian:/home/max# chgrp 1200 test.txt
```
Genau wie oben nur mit numerischer Schreibweise. (Gruppen-ID)

chmod

```
user@acerian:~$ chmod 755 script.sh
```
Der Datei script.sh die Rechte rwxr-x-r-x zuweisen.

```
user@acerian:~$ chmod u=rwx,go=rx script.sh
```
Genau wie oben aber mit der Symbol-Schreibweise. (u für user; rwx für lesen, schreiben und ausführen; g für group; o für others; rx für lesen und ausführen)

chown

```
root@acerian:/home/max# chown anoors:admin test.txt
```
Eigentümerschaft an der Datei test.txt an den User anoors und die Gruppe admin übertragen.

```
root@acerian:/home/max# chown 1000:1000 test.txt
```
Genau wie oben nur mit numerischer Schreibweise. (User-ID:Gruppen-ID)

lsattr

```
user@acerian:~$ lsattr test.txt
```
Anzeigen der erweiterten Dateiattribute für die Datei test.txt.

```
user@acerian:~$ lsattr -a
```
Anzeigen der erweiterten Dateiattribute für alle Dateien im aktuellen Ordner. (inklusive versteckter Dateien)

Die Ausgabe von `lsattr` - zB
```
----i---------e---- test.txt
```
kann man wie folgt verstehen:

A	Datum des letzten Zugriffes nicht speichern.
a	Kann nur im Append-Modus zum Schreiben geöffnet werden. Daher ist nur anhängen von Inhalten möglich und das Überschreiben alter Einträge verboten.
c	Automatisch vom Kernel gepackt auf der Platte gespeichert.
D	Veränderungen an dem Ordner synchron auf die Festplatte schrieben.
d	Datei soll vom Programm "dump" ignoriert werden.
E	Datei, die vom Kernel gepackt wurde besitzt Kompressions-Fehler.
I	Ordner wird über gehashte trees indexiert.
i	Datei kann nicht verändert oder gelöscht werden. Außerdem ist keine Erstellung von Hardlinks, die auf diese Datei zeigen möglich.
j	Inhalt erst in das Journal schreiben bevor auf die Festplatte geschrieben wird.
s	Beim Löschen Inhalt mit Nullen überschrieben.
S	Veränderungen an der Datei synchron auf die Festplatte schrieben.
T	Ordner wird vom Orlov block allocator behandelt, als wäre es der Erste in der Hierarchie.
t	Den letzten Block auf der Festplatte nicht mit einer anderen Datei teilen (tail-merging).
u	Beim Löschen den Inhalt so speichern, dass eine spätere Wiederherstellung möglich ist.
X	Vom Kernel gepackte Datei ist auch unentpackt lesbar.
Z	Vom Kernel gepackte Datei besitzt einen Fehler.

umask

```
user@acerian:~$ umask -p
```
Umask anzigen.

```
user@acerian:~$ umask -p 0044
```
Umask auf 0044 setzen.

Die Umask ist ein Wert, der von den maximalen Dateirechten abgezogen wird. Hierzu ein Beispiel:

	Datei	Ordner
max. Rechte	666	777
Umask	022	022
Dateirechte	644	755

Bei Dateien wird 666 als Maximum angenommen, da eine Datei niemals von vornhinein ausführbar ist. Will man eine Datei als Ausführbar markieren, dann muss man das bewusst in einem separaten Schritt machen!

Mit der Umask lässt sich also eine Verringerung der Rechte vom Besitzer zur Gruppe und zu allen anderen einstellen. So würde eine Umask von 0027 den weiteren Gruppenmitgliedern die Schreibrechte und allen Anderen, die nicht in der Gruppe des Besitzers sind jegliche Rechte entziehen.

SYSTEMVERWALTUNG

`alias`	Alternative Schreibweise für einen Befehl anlegen
`arch`	Maschinenarchitektur anzeigen
`cancel`	Druckauftrag über CUPS abbrechen
`chroot`	Wurzelverzeichnis ändern
`dmesg`	Kernelmeldungen anzeigen
`env`	Befehl mit anderen Umgebungsvariablen starten
`free`	Freien Arbeits- und Swapspeicher anzeigen
`halt`	Herunterfahren des Systems
`hdparm`	Festplattenparameter verwalten
`init`	Runlevel wechseln
`insmod`	Kernel-Modul laden (exkl. Abhängigkeiten)
`lpq`	Drucker-Warteschlange anzeigen
`lprm`	Druckauftrag löschen
`lpstat`	Statusinfos des Drucksystems
`lscpu`	CPU-Infos anzeigen
`lshw`	Alle Hardware-Komponenten auflisten
`lsmod`	Geladene Kernel-Module auflisten
`lsof`	Geöffnete Dateien auflisten

`lspci`	PCI-Geräte auflisten
`lsusb`	USB-Geräte auflisten
`modinfo`	Infos zu einem Kernel-Modul
`modprobe`	Kernel-Modul laden oder entladen (inkl. Abhängigkeiten)
`poweroff`	Herunterfahren des Systems
`printenv`	Umgebungsvariablen ausgeben
`printf`	Formatierte Ausgabe auf `stdout`
`reboot`	Neustarten des Systems
`reset`	Terminal zurücksetzen
`rmmod`	Kernel-Modul entladen (exkl. Abhängigkeiten)
`rtcwake`	Rechner zur vorgegebener Zeit starten
`runlevel`	Runlevel anzeigen
`script`	Terminalsitzung protokollieren
`set`	Systemvariablen anzeigen
`setterm`	Erweiterte Terminaleinstellungen
`shutdown`	Herunterfahren des Systems
`startx`	Starten der grafischen Oberfläche
`systemctl`	Systemdienste aktivieren, deaktivieren, starten und beenden
`tty`	Terminalname anzeigen

`unalias`	Alias entfernen
`uname`	Systeminformationen (Name, Versions, etc.) anzeigen
`uptime`	Laufzeit des Systems und durchschnittliche Last anzeigen
`vmstat`	Speicher-, Swap-, IO-, System- und CPU-Auslastung anzeigen
`wall`	Nachricht an alle User
`write`	Nachricht an einen User
`xargs`	Argumente an einen Befehl weiterleiten
`xterm`	Neues Terminal unter X starten

Vor Veränderungen am System sollte man sicherheitshalber ein Backup erstellen. Diese Arbeiten werden in der Regel als `root` durchgeführt und ein Linux-System leistet den Anweisungen von `root` allzuschnell Folge und fragt nicht mehrfach nach, ob man sich sicher ist.

Da passiert es schnell im Eifer des Gefechtes, dass ein unbedacht abgesetzter Befehl ein Problem verursacht. Wehe dem Admin, der bei einer "kleinen Änderung" dank eines falschen Befehls die komplette Firma lahm legt und dann mangels Backup den Server in stundenlanger Handarbeit wieder zum Laufen bringen muss...

Außerdem ist es ratsam einen Test- und Backup-Server zu unterhalten. Änderungen und Updates von Programmen können zuerst auf der Backup-Maschine getestet werden bevor Sie am eigentlichen Server zum Einsatz kommen. Im Fall eines Maschinenausfalls kann sofort auf den Backup-Server umgeschalten werden.

alias

```
user@acerian:~$ alias
```
Anzeigen der eingestellten Aliase (Kurzschreibweisen für Befehle)

```
user@acerian:~$ alias ll="ls -ls"
```
ll als Kurzschreibweise für `ls -lh` einrichten. (Wird nach dem Logout wieder verworfen. Wenn man den alias permanent haben möchte dann muss der Befehl in die `.bashrc` im User-Verzeichnis eingetragen werden!)

arch

```
user@acerian:~$ arch
```
Systemarchitekur ausgeben - zB `x86_64` für 64bit.

cancel

```
user@acerian:~$ cancel 5 Samsung-ML-1650
```
Druckauftrag mit der Job-ID 5 am Drucker mit der ID Samsung-ML-1650 abbrechen. (Angabe mehrerer Job-IDs durch Leerzeichen getrennt möglich)

```
root@acerian:~# cancel -a
```
Alle CUPS-Druckaufträge abbrechen.

chroot

```
root@acerian:~# chroot /mnt/alteHDD /bin/bash -i
```
Bash eines anderen Linux-Systems starten dessen Systemplatte unter /mnt/alteHDD eingehängt wurde.

dmesg

```
root@acerian:~# dmesg
```
Alle Kernelmeldungen anzeigen.

```
root@acerian:~# dmesg | grep UFW.BLOCK
```
Kernelmeldungen mit `grep` filtern und Anzeige auf Zeilen mit "UFW BLOCK" beschränken.

env

```
user@acerian:~$ env -u LOGNAME printenv
```
Für das Ausführen von `printenv` die Umgebungsvariable LOGNAME entfernen.

```
user@acerian:~$ env -i printenv
```
Für das Ausführen von `printenv` alle Umgebungsvariablen entfernen.

free

```
user@acerian:~$ free -h
```
Anzeige der RAM- und Swap-Auslastung (`-h` für human readable).

```
user@acerian:~$ free -s 3
```
Anzeige der RAM- und Swap-Auslastung alle 3 Sekunden (`-s`) ausgeben.

halt

```
root@acerian:~# halt
```
System herunterfahren. (Angemeldete User werden NICHT informiert!)

```
root@acerian:~# halt -f
```
System herunterfahren erzwingen (`-f` für force).
(Angemeldete User werden NICHT informiert!)

hdparm

```
root@acerian:~# hdparm -i /dev/sda
```
Informationen zur Platte sda anzeigen.

```
root@acerian:~# hdparm -g /dev/sda
```
Laufwerksgeometrie der Platte sda anzeigen.

Achtung!!! Mit diesem Tool sollten Sie wirklich genau wissen was Sie tun oder Sie können sich eine Festplatte mit allen Daten sehr schnell zerschießen.

init

```
root@acerian:~# init 1
```
Wechsel in den Runlevel 1 (Single User ohne Netzwerk).
(Beim Neustart oder Herunterfahren des Rechners werden angemeldete User nicht gewarnt!)

In vielen Fällen sind die Runlevel wir folgt belegt:

```
0 ... System herunterfahren und abschalten
1 ... Single-User (root) ohne Netzwerkunterstützung zur
      Systemwartung
2 ... Multiuser ohne Netzwerkunterstützung
3 ... Multiuser mit Netzwerkunterstützung und laufenden
      Serverdiensten (Standard für Server)
4 ... Oft nicht genutzt
5 ... Multiuser mit Netzwerk, Serverdiensten und
      GUI (Standard für Workstations)
6 ... System neu starten
```

insmod

```
root@acerian:~# insmod btintel
```
Das Kernel-Modul (Treiber) btintel laden. (Abhängigkeiten werden nicht aufgelöst - also werden die Module die btintel benötigt um fehlerfrei zu arbeiten, nicht automatisch geladen)

lpq

```
user@acerian:~$ lpq
```
Druckerwarteschlange anzeigen.

```
user@acerian:~$ lpq -al
```
Druckerwarteschlange anzeigen in der Langform.

```
user@acerian:~$ lpq maxtest
```
Druckerwarteschlange des Users "maxtest" anzeigen.

Gilt nur für Druckaufträge, die mit `lpr` gestartet wurden!

lprm

```
user@acerian:~$ lprm 3
```
Druckerauftrag mit der ID 3 löschen.

```
user@acerian:~$ lprm 6 7 8
```
Druckeraufträge mit den IDs 6, 7 und 8 löschen.

Gilt für Druckaufträge, die mit `lpr` gestartet wurden!

lpstat

```
user@acerian:~$ lpstat -d Samsung-ML-1650
```
Druckaufträge des Druckers (-d) mit der ID Samsung-ML-1650 anzeigen.

```
user@acerian:~$ lpstat -u maxtest
```
Druckaufträge des Users "maxtest" anzeigen.

Gilt für Druckaufträge, die mit `lp` gestartet wurden!

lscpu

```
user@acerian:~$ lscpu
```
Auflisten der CPU-Informationen.

lshw

```
user@acerian:~$ lshw
```
Auflisten der gesamten Hardware im langen (ausführlichen) Format.

```
user@acerian:~$ lshw -c network
```
Auflisten der gesamten Hardware, die der Klasse `network` zugeordnet ist.

```
user@acerian:~$ lshw -businfo
```
Verkürzte Ausgabe, sortiert nach dem Anschluss inklusive Angabe der Klassse. (So erhalten Sie auch eine Liste der möglichen Angaben für die Option -c)

lsmod

```
user@acerian:~$ lsmod
```
Auflistung der geladenen Kernelmodule anzeigen.

lsof

```
user@acerian:~$ lsof
```
Auflistung aller geöffneten Dateien.

```
user@acerian:~$ lsof -c geany
```
Auflistung aller geöffneten Dateien des Prozesses (-c) namens "geany".

```
root@acerian:~# lsof +D /var/www/html
```
Auflistung aller geöffneten Dateien im Ordner "html".

```
root@acerian:~# lsof -u anoors
```
Auflistung aller unter der Kennung des Users "anoors" geöffneten Dateien.

lspci

```
user@acerian:~$ lspci
```
Ausführliche Liste aller PCI-Geräte anzeigen.

lsusb

```
user@acerian:~$ lsusb
```
Ausführliche Liste aller USB-Geräte anzeigen.

modinfo

```
root@acerian:~# modinfo btintel
```
Informationen zum Modul "btintel" anzeigen.

modprobe

```
root@acerian:~# modprobe -D bluetooth
```
Abhängigkeiten des Moduls "bluetooth" anzeigen.

```
root@acerian:~# modprobe bluetooth
```
Das Modul "bluetooth" mit allen Abhängigkeiten laden.

```
root@acerian:~# modprobe -n bluetooth
```
Das Laden de Moduls "bluetooth" mit allen Abhängigkeiten simulieren.

```
root@acerian:~# modprobe -r bluetooth
```
Das Modul "bluetooth" mit allen Abhängigkeiten entladen.

Mit dem Schalter -f (force) lässt sich eine Aktion erzwingen. (Kann die Stabilität des Systems negativ beeinflussen)

poweroff

```
root@acerian:~# poweroff
```
System herunterfahren. (Angemeldete User werden NICHT informiert!)

printenv

```
user@acerian:~$ printenv
```
Alle Umgebungsvariablen auflisten. (Um eine bestimmte Umgebungsvariable auszu-geben kann man echo [VAR] verwengen - zB echo $HOME)

printf

```
user@acerian:~$ printf "bla\tblub\tfoo\n\n"
```
Ausgabe von "bla", "blub" und "foo" durch Tabulatoren (\t) getrennt mit zwei Zeilenschaltungen (\n) am Ende.

```
user@acerian:~$ printf "Name: %s\tAlter: %d\n" "Paul" 38
```
Ausgabe von "Name:" gefolgt von einer Zeichenkette (%s), einem Tabula-tor (\t), "Alter:", einer Zahl (%d) und einer Zeilenschaltung (\n). Danach fol-gen die 2 Werte für die Ersetzung - die Zeichenkette "Paul" wird an Stelle von %s eingesetzt und die Zahl 38 an Stelle von %d. Ergebnis:

```
Name: Paul    Alter: 38
```

reboot

```
root@acerian:~# reboot
```
System neustarten. (Angemeldete User werden NICHT informiert!)

reset

```
user@acerian:~$ reset
```
Terminal zurücksetzen und neu initialisieren.

rmmod

```
root@acerian:~# rmmod bluetooth
```
Das Kernel-Modul (Treiber) "bluetooth" entladen. (Abhängigkeiten werden nicht aufgelöst - ergo werden die Module die von bluetooth abhängen nicht automatisch entladen)

rtcwake

```
root@acerian:~# rtcwake -m mem -s 3600
```
Rechner in den Energiesparmodus (-m mem - mögliche Modi: no, standby, mem, disk, off) versetzen und in 1 Stunde (-s für secounds) wieder starten.

runlevel

```
root@acerian:~# runlevel
```
Ausgabe des aktuellen Runlevels - zB: N 5 (Runlevel 5)

set

```
user@acerian:~$ set
```
Systemvariablen anzeigen.

setterm

```
user@acerian:~$ setterm --cursor off
```
Cursor des Terminals ausblenden.

```
user@acerian:~$ setterm --half-bright on
```
Farben des Terminals dimmen.

```
user@acerian:~$ setterm --blank 0
```
Bildschirmschoner deaktivieren.

shutdown

```
root@acerian:~# shutdown -h now
```
Sofortiges Herunterfahren des Systems. (Angemeldete User werden informiert!)

```
root@acerian:~# shutdown -r 5
```
Neustarten des Systems in 5 Minuten. (Angemeldete User werden informiert!)

```
root@acerian:~# shutdown -r 20:30 "Geplanter Neustart"
```
Neustarten des Systems um 20:30 und versenden der Nachricht "Geplanter Neustart" an angemeldete User.

```
root@acerian:~# shutdown -c
```
Geplanten Shutdown abbrechen. (Klappt nicht bei Verwendung von now)

startx

```
user@acerian:~$ startx
```
Grafische Benutzerumgebung (GUI) starten. (Wird verwendet wenn der Rechner mit Standard-Runlevel 3 betrieben wird, um Usern zu ermöglichen einmalig die GUI zu starten und zu verwenden.)

systemctl

```
root@acerian:~# systemctl stop ssh.service
```
SSH-Serverdienst stoppen. (Mehr Beispiele siehe Seite 109)

```
root@acerian:~# systemctl restart ssh.service
```
SSH-Serverdienst neu starten. (zB um eine geänderte Konfigurationsdatei neu einzulesen)

tty

```
user@acerian:~$ tty
```
Terminal-Gerätedatei ausgeben - zB /dev/pts/5

unalias

```
user@acerian:~$ unalias ll
```
Den Alias `ll` entfernen. (Wenn man einen Alias permanant entfernen möchte dann muss der Alias-Befehl aus der entsprechenden `.bashrc` ausgetragen werden.)

uname

```
user@acerian:~$ uname
```
Kernelname ausgeben.

```
user@acerian:~$ uname -a
```
Kernelname inklusive aller Zusatzinfos (Versionsnummer, etc.) ausgeben.

uptime

```
user@acerian:~$ uptime
```
System-Laufzeit seit dem letzten Bootvorgang und durchschnittliche Systemlast anzeigen.

vmstat

```
user@acerian:~$ vmstat -w
```
Speicher-, Swap-, IO-, System- und CPU-Auslastung anzeigen (`-w` für wide - breitere Darstellung, besser leesbar).

wall

```
root@acerian:~# wall
```
Nach dem Absenden des Befehls haben Sie die Möglichkeit eine Nachricht einzugeben. Diese Eingabe beenden Sie mit `Strg + d`. Danach wird die Nachricht an alle angemeldeten User gesendet.

write

```
user@acerian:~$ write maxtest
```
Dem User "maxtest" eine Nachricht senden. Nach dem Absenden des Befehls haben Sie die Möglichkeit eine Nachricht einzugeben. Diese Eingabe beenden Sie mit Strg + d. Nach jeder Zeilenschaltung wird die zuvor eingegebene Zeile versandt.

xargs

```
user@acerian:~$ echo "-lah" | xargs ls
```
Die Ausgabe des echo-Befehls als Argumente (Optionen) für ls verwenden.

```
user@acerian:~$ find /BACKUP -mtime +14 -iname "*.sql" |
xargs rm
```
Die Ausgabe vom find-Befehl (alle *.sql-Dateien in /BACHUP, die älter sind als 14 Tage) als Dateiliste für rm verwenden.

xterm

```
user@acerian:~$ xterm -e top &
```
Ein neues XTerm-Fenster öffnen und darin den Befehl top ausführen.

Um das XTerm-Fenster wieder kontrolliert zu schließen wird in einem Shellscript oft folgender Code verwendet:

```
xterm -e top &
myXtermPID=$!
[WEITERE KOMMANDOS]
kill $myXtermPID
```

Zuerst wird die PID des zuvor im Hintergrund gestarteten XTerm-Prozesses ($!) in der Variable myXtermPID zwischengespeichert. Wenn es dann an der Zeit ist das XTerm-Fenster zu schließen wird die PID ($myXtermPID) einfach dem kill-Befehl übergeben. (Nützlich kann in dem Zusammenhang auch der wait-Befehl sein um auf das Ende eines Prozesses zu warten)

LAUFWERKSVERWALTUNG

`badblocks`	Dateisystem auf defekte Blöcke überprüfen
`blkid`	Anzeige der UUID von Laufwerken (siehe auch `lsblk`)
`cfdisk`	Partitionierung mit einfacher TUI Oberfläche (textbasiertes User-Interface)
`dd`	Daten bitweise kopieren
`dd_rescue`	Beschädigte Platten klonen
`debugfs`	Fehlerbehebung in Dateisystemen
`dumpe2fs`	Dateisysteminfos anzeigen
`fdisk`	Partitionierung von Laufwerken
`fsck`	Dateisystem überprüfen
`lsblk`	Anzeige von Informationen zu Speichermedien
`mkfs`	Dateisystem erzeugen
`mkswap`	Swap-Bereich anlegen
`mount`	Datenträger oder Image einhängen
`parted`	Festplatten Partitionierung
`swapoff`	Swap-Speicher entfernen
`swapon`	Swap-Speicher aktivieren
`sync`	Puffer des Dateisystems sofort auf die Platte schreiben

`tune2fs`	Eigenschaften von Dateisystemen ändern
`umount`	Datenträger oder Image aushängen

Vor allem bei diesen Befehlen gilt was ich schon im Kapitel Systemverwaltung gesagt habe. Ein Fehler damit bedeutet allzu oft Datenverlust!

Linux folgt der Philosophie, dass alles eine Datei ist. So können beispielsweise auch Festplatten über eine Datei angesprochen werden.

Unter Linux sind in der Regel alle Dateien, die mit der Hardware zu tun haben im Ordner `/dev` untergebracht. So kann man mit

```
/dev/sda ... die erste SCSI- oder SATA-Platte,
/dev/sdb ... die zweite SCSI- oder SATA-Platte
```

usw. ansprechen. Einzelne Partitionen werden von 1 bis n durchnummeriert. So spricht man mit

```
/dev/sda1 ... die erste Partition der ersten Platte,
/dev/sda2 ... die zweite Partition der ersten Platte
```

usw. an.

badblocks

```
root@acerian:~# badblocks -s /dev/sdb1
```
Überprüfen der Partition sdb1 auf defekte Blöcke mit einem Lesetest.

```
root@acerian:~# badblocks -v -o badlocks.log /dev/sdb1
```
Überprüfen der Partition sdb1 auf defekte Blöcke und ausgeben (-o für output-file) des Ergebnisses in die Datei "badblocks.log".

```
root@acerian:~# badblocks -vw /dev/sdb1
```
Überprüfen der Partition sdb1 auf defekte Blöcke mit einem Schreibtest.

Achtung!!! Dabei werden alle Daten auf der Partition überschrieben!

blkid

```
root@acerian:~# blkid -o list
```
Liste aller eingehängten Laufwerke und deren UUIDs ausgeben.

```
root@acerian:~# blkid /dev/sda3
```
UUID, Dateisystemtyp und PARTUUID der Partition sda3 ausgeben.

cfdisk

```
root@acerian:~# cfdisk /dev/sdb
```
Partitionierung der Platte sdb. cfdisk bietet dem User ein komfortables TUI ("grafisches" Interface auf der Kommandozeile), dass sich mit dem Cursortasten Bedienen lässt.

dd

Bit-genaues Kopieren von Festplatten, Partitionen oder Dateien. (Dies bedeutet, dass der Datenträger Bit-für-Bit bzw. Byte-für-Byte ausgelesen und beschrieben wird, unabhängig vom Inhalt und der Belegung des einzelnen Bytes. Ergo in vielen Fällen sehr langsam!)

```
root@acerian:~# dd if=/home/max/kali.iso of=/dev/sdb
bs=512k status=progress
```
Die Datei kali.iso (if= für input file) mit einer Blockgröße von 512KB (bs=512k) auf die Platte sdb (of= für output file - in meinem Fall ein USB-Stick) schreiben und den Fortschritt des Kopiervorgangs anzeigen (status=progress).
(Erstellen eines bootfähigen Kali-Installtions-Sticks)

```
root@acerian:~# dd if=/dev/random of=/dev/sdb1
```
Die Partition sdb1 mit Zufallsdaten überschreiben. (shreddern)

```
root@acerian:~# dd if=/dev/sda of=/dev/sdb
```
Die Platte sda auf die Platte sdb spiegeln. (Dauert sehr lange mit dd!)

```
root@acerian:~# dd if=/dev/sdb of=/home/max/sdb.img
```
Ein Image der Platte sdb unter /home/max als Datei "sdb.img" speichern.

dd_rescue

```
root@acerian:~# dd_rescue /dev/sda /dev/sdb
```
Die Platte sda auf die Platte sdb spiegeln. Nicht leesbare Sektoren werden hierbei mit 0x00 aufgefüllt. (zB zur Vorbereitung einer Datenrettung)

debugfs

```
root@acerian:~# debugfs /dev/sdb1
```
Mit debugfs auf die Partition sdb1 zugreifen.

```
debugfs: blocks test.txt
```
Blocks der Datei "test.txt" anzeigen - zB: 17408

```
debugfs: lsdel
```
Listet gelöschte Daten auf (nur hilfreich bei ext2 Datesystemen).

```
debugfs: dump <12345> /root/wiederhergestellt.txt
```
Stellt die Datei vom Inode 12345 wieder her und speichert Sie unter /root als wiederhergestellt.txt ab. (nur hilfreich bei ext2 Datesystemen)

Für Widerherstellung von ext3, ext4 oder diversen anderen Dateisystemen verwenden Sie `photorec` bzw. `testdisk`. Diese Tools verfügen über
einen Assistenten der die Wiederherstellung von Daten sehr vereinfacht.
(In der Regel müssen diese Tools erst mit der Paketverwaltung nachinstalliert werden)

Ein Wort der Warnung:
Wenn ein Datenträger Probleme hat arbeiten Sie nicht auf ihm sondern
erstellen Sie zuerst ein Image dieses Datenträgers (siehe Befehle dd bzw.
dd_rescue). Die eigentliche Datenrettung können Sie dann vom Image
machen. Dies macht Sinn, da beim Erstellen des Images jeder Bereich nur
einmal gelesen wird. Ein Tool zur Datenrettung verursacht in der Regel
deutlich mehr Zugriffe und "stresst" die Platte dadurch mehr!

Stellen Sie Daten immer auf eine weitere Platte wieder her! Sonst laufen
Sie Gefahr mit dem ersten wiederhergestellten Daten noch nicht wieder-
hergestellte Daten zu überschreiben!

dumpe2fs

```
root@acerian:~# dumpe2fs /dev/sdb1
```
Informationen zum Dateisystem der Partition sdb1 anzeigen.

fdisk

```
root@acerian:~# fdisk -l /dev/sdb
```
Partiotionstabelle des Platte sdb anzeigen.

```
root@acerian:~# fdisk /dev/sdb
```
Partitionierung der Platte sdb bearbeiten.

fsck

```
root@acerian:~# fsck /dev/sdb1
```
Überprüfung und falls nötig Reparatur des Dateisystems der Partition
sdb1.

lsblk

```
root@acerian:~# lsblk
```
Festplatten und Partitionen in hierarchischer Form darstellen.

```
root@acerian:~# lsblk -f
```
Wie oben aber mit Dateisystem und UUID (–f für filesystem).

mkfs

```
root@acerian:~# mkfs -t ext3 /dev/sdb1
```
Auf der Partition sdb1 ein ext3-Dateisystem erstellen.

Mit dem Schalter –F (force) lässt sich das Erstellen des Dateisystems erzwingen. (zB bei mkfs.ext3 - Teilweise nötig um vorhandene Dateisysteme zu überschreiben)

```
root@acerian:~# mkfs -t vfat -F 32 /root/file.img
```
Ein Fat32-Dateisystem auf der Datei file.img erzeugen. (Da mkfs ein Frontend ist, dass im Hintergrund den passenden Befehl - zB mkfs.ext3 oder mkfs.fat aufruft unterscheiden sich hier die Schalter in ein paar Details. So bedeutet hier –F nicht Erzwingen der Erstellung sondern Erstellen von einem 32bit Fatsystem)

mkswap

```
root@acerian:~# mkswap -c /dev/sda3
```
Die Partition sda3 als Swap-Speicher anlegen und zuvor auf defekte Blöcke überprüfen (–c für check badblocks).

```
root@acerian:~# mkswap /root/swapfile.img
```
Die Datei swapfile.img als Swap-Speicher anlegen.

(Eine Solche Datei kann zB mit dd if=/dev/zero of=/root/swapfile.img bs=1024 count=4194304 erzeugt werden - in dem Fall mit einer Größe von 4GB.)

mount

```
root@acerian:~# mount /dev/sdb1 /mnt
```
Die Partition sdb1 unter /mnt einhängen.

```
root@acerian:~# mount /BACKUP
```
Den Eintrag aus der Datei /etc/fstab für /BACKUP einhängen.
(Über /etc/fstab werden die Laufwerke und Mountpunkte verwaltet, die beim Booten eingehängt werden. Beispielsweise bei NAS-Laufwerken kann dies aber Fehlschlagen weil das NAS-System nicht erreichbar war während der Rechner gebootet wurde. So kann dann das Laufwerk nachträglich eingehängt werden. Mehr dazu siehe Kapitel Bash-Scripting - Installationsscript!)

parted

```
root@acerian:~# parted /dev/sdb
```
Platte sdb mit `parted` partitionieren.

```
(parted) print
```
Partitionstabelle ausgeben.

```
(parted) select /dev/sda
```
Platte sda auswählen.

```
(parted) rm 1
```
Partition mit der ID 1 auf der aktuell bearbeiteten Platte löschen.

```
(parted) mkpart
```
Partition auf der aktuell bearbeiteten Platte anlegen.
(Folgen Sie den Schritten des Assistenten)

```
(parted) quit
```
Programm verlassen.

swapoff

```
root@acerian:~# swapoff /dev/sda3
```
Entfernen der Partition sda3 als Swap-Speicher. (Hier wäre auch die Verwendung einer Datei möglich - siehe Befehl mkswap)

swapon

```
root@acerian:~# swapon /dev/sda3
```
Aktivieren der Partition sda3 als Swap-Speicher. (Hier wäre auch die Verwendung einer Datei möglich - siehe Befehl mkswap.)

Grundsätzlich können mehrere Partitionen oder Dateien als Swap-Speicher genutzt werden - so kann man den Swap-Speicher bei Bedarf erweitern!

sync

```
root@acerian:~# sync
```
Buffer des Dateisystems sofort auf die Festplatte schreiben.

umount

```
root@acerian:~# umount /dev/sdb1
```
Die Partition sdb1 aushängen.

```
root@acerian:~# mount /BACKUP
```
Das auf /BACKUP eingehängte Laufwerk aushängen.

NETZWERK

`dhclient`	Netzwerkkonfiguration von DHCP beziehen
`dig`	Namensauflösung (DNS)
`host`	Name-Server abfragen
`hostname`	Anzeigen und ändern des Hostnamens
`ifconfig`	Anzeigen und ändern der Konfiguration von Netzwerkgeräten.
`ifdown`	Netzwerkkarte herunterfahren
`ifup`	Netzwerkkarte hochfahren
`ip`	Nachfolger von `ifconfig`
`iw`	Nachfolger von `iwconfig`
`iwconfig`	Werkzeug für WLAN-Schnittstellen
`iwlist`	Detaillierte Informationen von Wireless-Netzen anzeigen bzw. verfügbare WLANs suchen
`nc / netcat`	Schweizer Taschenmesser für Netzwerkverbindungen
`netstat`	Auflistung offener Ports und bestehender Netzwerkverbindungen
`nslookup`	IP-Adresse und Hostnamen über DNS auflösen
`ping`	Prüfen der Erreichbarkeit anderer Rechner über ein Netzwerk

`route`	Anzeige und Änderung der Routingtabelle
`ss`	Nachfolger von netstat
`ssh`	Remote-Shell zu einem entfernten Rechner (sicher da die Kommunikation verschlüsselt wird)
`ssh_keygen`	SSH-Schlüssel erstellen für passwortlose SSH-Verbindungen
`traceroute`	Routenverfolgung und Verbindungsanalyse
`ufw`	Firewall-Konfiguration
`wpa_passphrase`	WPA Konfigurationsdatei erstellen
`wpa_supplicant`	Mit WPA-Netzwerk verbinden

dhclient

```
root@acerian:~# dhclient -r
```
Aktuelles Lease auslaufen lassen

```
root@acerian:~# dhclient
```
Neue Netzwerkkonfiguration beziehen. (Durch das Anfügen der Netzwerkkarte - zB `wlp1s0` - kann man die Aktionen nur für eine bestimmt Netzwerkkarte durchführen.)

dig

```
user@acerian:~$ dig orf.at
```
Namensauflösung für orf.at beim Standard-DNS Server abfragen.

```
user@acerian:~$ dig orf.at @8.8.4.4
```
Namensauflösung für orf.at beim DNS mit der IP 8.8.8.8 abfragen.

Die Option `-t` erlaubt es den Abfrage-Typ zu ändern und so kann mit `-t MX` beispielsweise der Mailserver aufgelöst werden. Die Option `+trace` erlaubt das Durchführen einer rekursiven Abfrage von den Root-DNS-Servern weg.

host

```
user@acerian:~$ host orf.at
```
Namensauflösung für orf.at beim Standard-DNS Server abfragen.

hostname

```
user@acerian:~$ hostname
```
Hostnamen anzeigen - zB `acerian`.

```
root@acerian:~# hostname -b bla
```
Hostnamen auf "bla" ändern.

ifconfig

```
root@acerian:~# ifconfig
```
Konfiguration aller Netzwerkkarten anzeigen.

```
root@acerian:~# ifconfig eth0 192.168.1.20 netmask
255.255.255.0 broadcast 192.168.1.255
```
Konfigurieren der IP-Addresse, Netmask und Broadcast-Addresse für die Netzwerkkarte eth0.

```
root@acerian:~# ifconfig eth0 down
root@acerian:~# ifconfig eth0 up
```
Herunter- bzw. Hochfahren der Netzwerkkarte eth0.

Alle diese Änderungen sind allerdings nicht dauerhaft. Um dauerhast wirksam zu werden muss man die Netzwerkkonfigurations-Datei des Systems bearbeiten. Oftmals findet man diese unter /etc/network/interfaces. Mehr dazu entnehmen Sie dem Handbuch Ihrer Distribution.

ifdown

```
root@acerian:~# ifdown eth0
```
Anhalten einer Netzwerkschnittstelle eth0.

ifup

```
root@acerian:~# ifdown eth0
```
Starten einer Netzwerkschnittstelle eth0.

ip (Nachfolger von ifconfig)

```
root@acerian:~# ip addr
```
Die Konfiguration aller Netzwerkkarten anzeigen.

```
root@acerian:~# ip addr change 192.168.1.20/24 broadcast
192.168.1.255 dev enp0s31f6
```
Die IP-Addresse, Netmask und Broadcast-Addresse für die Netzwerkkarte enp0s31f6 konfigurieren. (Zur Angabe der Netmaske wird die CIDR-Notation verwendet.)

```
root@acerian:~# ip link set enp0s31f6 down
root@acerian:~# ip link set enp0s31f6 up
```
Herunter- bzw. Hochfahren der Netzwerkkarte enp0s31f6.

iw (Nachfolger von `iwconfig`)

```
root@acerian:~# iw dev wlp1s0 link
```
Status der Verbindung der Netzwerkkarte wlp1s0 anzeigen.

```
root@acerian:~# iw dev wlp1s0 scan
```
Scannen nach WLAN-Netzwerken mit der Netzwerkkarte wlp1s0.

```
root@acerian:~# iw event -f
```
WLAN-Debug-Meldungen ausgeben um die Fehlersuche zu erleichtern.

iwconfig

```
root@acerian:~# iwconfig wlan0
```
Status der Verbindung der Netzwerkkarte wlan0 anzeigen.

```
root@acerian:~# iwconfig wlan0 mode Ad-Hoc
```
Die Netzwerkkarte wlan0 in den Ad-Hoc Modus versetzen.

```
root@acerian:~# iwconfig wlan0 essid MyNetwork
```
Verbinden der Netzwerkkarte wlan0 mit einem offenen WLAN.

iwlist

```
root@acerian:~# iwlist wlan0 scan
```
Scannen nach WLANs mit der Netzwerkkarte wlan0.

nc / netcat

```
user@acerian:~$ cat file3.txt | nc 192.168.1.7 1234
```
Inhalt der Datei file3.txt an den Rechner mit der IP 192.168.1.7 an den Port 1234 übertragen.

```
root@acerian:~# nc -l -p 1234
```
Mit Netcat auf den Port (-p) 1234 lauschen (-l für listen).
(Damit kann zB die Übertragung vom vorherigen Beispiel empfangen werden.)

nc ist ein zweischneidiges Tool - man kann damit sehr viel machen aber auch jeder Hacker wird jubilieren wenn er nc auf einem gekaperten Rechner vorfindet!

nslookup

```
root@acerian:~# nslookup
```
Startet die nslookup-Shell in der Sie eine IP oder einen Hostnamen eingeben können. (dig ist deutlich flexibler daher wird nslookup kaum noch verwendet)

netstat

```
root@acerian:~# netstat -tupea
Aktive Internetverbindungen (Nur Server)
Proto RQ SQ Local Ad.   Foreign Ad.   State   User  PID/Program
tcp   0  0  0.0.0.0:22   0.0.0.0:*     LISTEN  root  13483/sshd
tcp   0  0  0.0.0.0:23   0.0.0.0:*     LISTEN  root  13788/inetd
tcp   0  0  192.168.1.7  ec2-52-4:443  VERBUND paul  12213/chrome
... Ausgabe gekürzt
```

Die Optionen -t und -u stehen für TCP bzw. UDP-Verbindungen. Mit -p wird auch das Programm angezeigt das für die Verbindung verantwortlich ist und -a steht für alle Verbindungen. Schließlich sorgt -e dafür, dass erweiterte Infos wie der User angezeigt werden.

Der Schalter -l würde lediglich Verbindungen mit dem Status LISTEN anzeigen und mit dem Schalter -c aktualisiert die Ausgabe laufend.

ping

```
user@acerian:~$ ping -c 2 8.8.8.8
```
Senden von zwei Paketen (–c für count) an die IP 8.8.8.8

Ohne die Angabe einer Paketanzahl würde endlos weiter gepingt bis das Kommando mit `Strg` + `c` abgebrochen würde. Außerdem könnte man mit `–i` (interface) die Netzwerkkarte festlegen über die gepingt werden soll. Anstatt der IP-Adresse könnte man auch eine Domain verwenden.

Achtung: **Nicht alle Rechner im Internet antworten auf Ping-Anfragen!**

route

```
root@acerian:~# route
```
Anzeigen der Routing-Tabelle:

```
Kernel-IP-Routentabelle
```

Ziel	Router	Genmask	Fl.	Metr.	Ref	Use	Iface
default	192.168.1.1	0.0.0.0	UG	100	0	0	enp0s31f6
192.168.1.0	0.0.0.0	255.255.255.0	U	0	0	0	enp0s31f6
192.168.1.0	0.0.0.0	255.255.255.0	U	100	0	0	enp0s31f6

```
root@acerian:~#  route  add  default  gw  192.168.1.1
enp0s31f6
```
Der Routing-Tabelle 192.168.1.1 als neues default Gateway hinzufügen.

```
root@acerian:~#  ip  route  add  192.168.2.0/24  via
192.168.1.254 dev enp0s31f6
```
Statische Route anlegen.

SS (Nachfolger von `netstat`)

```
root@acerian:~# ss -tuape
```
Die Optionen sind weitgehend mit denen von `netstat` ident...

−t für TCP, −u für UDP, −a für alle Verbindungen, −p für Programm und −e für erweiterte Anzeige mit mehr Details. Mit −4 bzw. −6 kann man gezielt IPv4 bzw. IPv6 Sockets anzeigen.

ssh

```
root@acerian:~# ssh -p 444 max@85.6.7.8
```
Über ssh als User "tomek" am Rechner 85.6.7.8 anmelden. Hierbei wird statt dem Standard-Port (22) der Port (−p) 444 verwendet.

Mit −x wird das Weiterleiten von X11-Anzeigen aktiviert. So kann man am Remote-Rechner gestartete grafische Programme am eigenen Monitor sehen.

ssh-keygen

```
user@acerian:~$ ssh-keygen -t rsa
```
Einen RSA-Schlüssel erstellen. (Folgen Sie den Anweisungen des Assistenten)

Der eigene öffentliche Schlüssel kann dann wie folgt auf einem anderen Rechner hinzugefügt werden:
```
user@acerian:~$ cat ~/.ssh/*.pub | ssh max@85.6.7.8 'umask 077; cat >>.ssh/authorized_keys'
```

traceroute

```
user@acerian:~$ traceroute 8.8.8.8
```
Verbindung zur IP 8.8.8.8 verfolgen und alle Hops (Knotenpunkte) ausgeben.

Mit dem Schalter −I lässt sich ein ICMP Echo verenden und mit den Optionen −4 bzw. −6 kann man dezidiert IPv4 oder IPv6 verwenden.

ufw

Dieses Programm ist nicht im Standard-Umfang von Linux enthalten, lässt sich aber auf sehr vielen Distributionen mit der Paketverwaltung nachinstallieren.

Ihnen zu Erklären wie man ein Firewall-Script erstellt und es in den Startprozess einbindet kann locker ein Buch mit zwei bis dreimal soviel Inhalt als dieses Buch füllen. Mit `ufw` ist eine einfache Firewall-Konfiguration aber eine Sache von wenigen Befehlen:

```
root@acerian:~# ufw enable
```
Firewall starten um als Systemdienst registrieren (wird dann auch automatisch bei jedem Systemstart gestartet)

```
root@acerian:~# ufw disable
```
Firewall beenden um als Systemdienst abmelden (wird nicht mehr automatisch bei jedem Systemstart gestartet)

```
root@acerian:~# ufw default deny incoming
```
Alle eingehenden Pakete verwerfen.

```
root@acerian:~# ufw default allow outgoing
```
Alle ausgehenden Pakete zulassen. (Sicherer wäre es natürlich nur bestimmte Dienste ausgehend zulassen)

```
root@acerian:~# ufw allow ssh
```
Port öffnen um einen Dienst anzubieten. (Hierbei kann der Dienstname für bekannte Dienste oder die Portnummer angegeben werden)

```
root@acerian:~# ufw allow 22
```
Wie oben aber mit der Portnummern-Schreibweise.

```
root@acerian:~# ufw status
```
Anzeige der Firewall-Regeln und des Firewall-Status.

```
root@acerian:~# ufw deny from 11.22.33.44
```
Die IP-Adresse 11.22.33.44 blockieren.

wpa_passphrase

```
root@acerian:~# wpa_passphrase MyNetwork PassWort1 >
/etc/wpa_supplicant.conf
```
Erstellen der Konfigurationsdatei für WPA-Verbindungen durch Umlenkung der Programmausgabe.

wpa_supplicant

```
root@acerian:~# wpa_supplicant -B -D wext -i wlp1s0 -c
/etc/wpa_supplicant.conf
```
Verbinden mit einem WPA-gesicherten WLAN-Netzwerk.

Hierbei steht -B für Background, -D für den Treiber (driver) wobei wext der Standarddriver ist. Mit -i wird das Interface bzw. die Netzwerkkarte definiert und -c gibt den Pfad zur Konfigurationsdatei an.

PROZESSVERWALTUNG

`at`	Zeitgesteuerte Programmausführung
`bg`	Prozess in den Hintergrund schicken
`cron`	Wiederkehrende Aufgaben zeitgesteuert ausführen
`crontab`	Cron-Tabelle bearbeiten
`disown`	Prozesse von Shell entkoppeln
`fg`	Prozess in der Vordergrund holen
`jobs`	Auflisten aller Jobs der Shell
`kill`	Prozess beenden
`killall`	Prozessgruppe beenden
`nice`	Prozess mit bestimmter Priorität starten
`nohup`	Programm vom Terminal entkoppelt starten
`pidof`	Prozess-ID (PID) ermitteln
`pgrep`	PIDs aller Prozesse, die auf ein Suchmuster passen ausgeben
`pkill`	Beenden aller Prozesse, die auf ein Suchmuster passen
`ps`	Prozessinformationen ausgeben
`pstree`	Prozesshierarchie ausgeben
`renice`	Prozesspriorität ändern

`sleep`	Bestimmte Zeit warten
`time`	Zeitmessung von Prozessen
`tload`	Prozessorauslastung anzeigen
`top`	Anzeige der laufenden Prozesse in einer sich laufend aktualisierenden Liste
`ulimit`	User-Limits anzeigen und ändern
`wait`	Auf das Beenden eines Prozesses warten
`watch`	Einen Befehl periodisch ausführen
`xkill`	Prozesse unter X beenden

Eigentlich kann die CPU immer nur einem Prozess gleichzeitig bearbeiten. Multitasking-Betriebssysteme schalten zwischen den einzelnen Prozessen in Sekundenbruchteilen hin und her um so den Eindruck zu erwecken, dass alles gleichzeitig läuft. Dieses Verhalten kann `root` in einem gewissen Maß beeinflussen und für bestimmte Fälle feintunen.

Außerdem sollte man als Linux-Admin wissen, dass der erste gestartete Prozess `init` ist und dieser die PID 1 bekommt. Alle weiteren Prozesse stammen direkt oder indirekt von ihm ab.

Kindprozesse tragen die PID des Elternprozesses als sogenannte PPID (parent PID) mit. Wird der Vaterprozess beendet dann beenden sich die Kindprozesse automatisch. Wenn der Kindprozess beendet wird, sendet der Kernel an den Elternprozess ein spezielles Signal (`SIGCHLD`). Bis der Elternprozess auf diese Signal reagiert bleibt ein Prozess, selbst nachdem er beendet wurde, in der Prozesstabelle als Zombie-Prozess stehen.
(Bei neueren Kerneln wird `init` von `systemd` abgelöst.)

at

```
root@acerian:~# at 21:40
```
Befehle heute um 21:40 ausführen. (Danach öffnet sich der at> Prompt)

```
at> touch /root/at.log
at> echo "fertig" > /root/at.log
```
Die Befehle touch und echo zeitgesteuert ausführen. (Mit Strg + d verlassen Sie den Prompt wieder.)

```
user@acerian:~$ at now +1 hour
```
Befehle in 1 Stunde ausführen.

Bei Fehlern wird der User über den internen Mailserver informiert welchen er mit dem mail-Befehl abfragen kann.

at ist besser für einmalige Aufgaben geeignet - wenn eine Script oder Befehl periodisch (jeden Tag, jede Woche, etc.) laufen soll dann sind Cronjobs das Mittel der Wahl. (siehe Befehle cron und crontab)

bg

```
user@acerian:~$ bg 2
```
Nachdem ein Befehl mit Strg + z angehalten wurde kann der Befehl mit bg [JOBNUMMER] fortgesetzt und gleich in den Hintergrund geschalten werden.

Die Jobnummer erhalten Sie wenn Sie den Befehl anhalten als Ausgabe nach dem Drücken von Strg + z oder durch den Befehl jobs:
```
[2]+      Angehalten              sleep 300
^^ Jobnr.   ^^ Status              ^^ Kommando
```

(Alternativ kann man einen Befehl gleich mit befehl & im Hintergrund starten.)

cron

```
root@acerian:~# cron
```
Cronjobs manuell laufen lassen.

crontab

```
user@acerian:~$ crontab -e
```
Bearbeiten der eigenen Crontab-Datei. Beim ersten Aufruf werden Sie gefragt welchen Editor Sie verwenden wollen - ich empfehle Ihnen nano!

Die Crontab-Datei ist wie folgt aufgebaut:

```
#m  h tag mon wt     befehl
00 20 *   *   *      bash /home/user/backup.sh
30 22 *   *   1      bash /home/user/download_website.sh
30 23 28  *   *      bash /home/user/losche_caches.sh
```

Die Felder sind durch Leerzeichen getrennt. Zur bessern Übersicht habe ich einen Kommentar (erste Zeile, die mit # beginnt) eingefügt. Diese wird vom cron-Dienst ignoriert. Die einzelnen Felder bedeuten Minuten, Stunde, Tag, Monat, Wochentag und auszuführendes Kommando. Ein * bedeutet hierbei immer.

So wird laut dieser Datei das Backup täglich um 20:00, ein Download der Webseite jede Woche Montag (1 = Montag, 0 und 7 = Sonntag) um 22:30 und das Löschen von Cache-Dateien jedem Monat am 28. um 23:30 durchgeführt. (Natürlich lassen sich alle diese Aufgaben wunderbar mit Shell-Scripst lösen.)

Mit crontab -l erhält man eine Auflistung der Cronjobs.

disown

```
user@acerian:~$ disown %1
```
Den Prozess von Job 1 vom Elternprozess entkoppeln. (zB damit der Prozess weiter läuft auch wenn die Shell geschlossen wird.)

fg

```
user@acerian:~$ fg 2
```
Den Job mit der Nummer 2 in den Vordergrund bringen.
(Die Jobnummer erhalten Sie durch den Befehl jobs)

jobs

```
user@acerian:~$ jobs -l
```
Jobs auflisten. (Beispiel-Ausgabe siehe bg)

kill

```
user@acerian:~$ kill 23566
```
Den Prozess mit der PID 23566 das SIGTERM Signal senden um Ihn zu beenden. (Beim Beenden mit SIGTERM wird dem Programm noch die Möglichkeit gegeben, sich "anständig" zu beenden. Erst wenn das nicht angenommen wird, sollte man den Kernel mit einem SIGKILL beauftragen, den Prozess hart abzubrechen.)

```
user@acerian:~$ kill -9 23566
```
Den Prozess mit der PID 23566 das SIGKILL hart beenden.

killall

```
user@acerian:~$ killall firefox
```
Alle Firefox-Prozesse beenden. (Auch hier kann man wieder mit dem Schalter -9 die Prozesse hart beenden.)

nice

```
user@acerian:~$ nice -n 19 bzip2 word.lst &
```
Den Befehl bzip2 zum Komprimieren der Datei "word.lst" mit einem Niceness-Wert (-n) von 19 im Hintergrund starten.

Die Priorität bzw. der Niceness-Wert liegt im Bereich von -20 bis +19 (in ganzzahligen Schritten), wobei -20 für die höchste Priorität (meister Anteil an der Rechenleistung) und 19 die niedrigste Priorität (geringster Anteil an der Rechenleistung) steht. Die Standardpriorität ist 0. Normale Nutzer können Prioritäten von 0 bis 19 einstellen, nur root darf auch negative Werte vorgeben!

nohup

```
root@acerian:~# nohup bash backup.sh &
```
Das Shellscript "backup.sh" entkoppelt vom Elternprozess im Hintergrund laufen lassen. (Dadurch kann man sich sofort ausloggen und das Script läuft weiter obwohl der Elternprozess beendet wurde.)

pidof

```
user@acerian:~$ pidof chrome
```
Auflisten aller PIDs (durch Leerzeichen getrennt) deren Name "chrome" enthält.
zB: 30091 29982 29964 29899 29883 29860 29818 29760 29610

pgrep

```
user@acerian:~$ pgrep chrome
```
Auflisten aller PIDs (eine pro Zeile) deren Name auf den regulären Ausdruck "chrome" passt.

pkill

```
user@acerian:~$ pkill chrome
```
Beenden aller PIDs deren Name auf den regulären Ausdruck "chrome" passt. (Auch hier kann man die Prozesse wieder mit dem Schalter -9 töten lassen.)

ps

```
user@acerian:~$ ps -u maxtest
```
Prozesse des Users "maxtest" anzeigen.

```
user@acerian:~$ ps ax
```
Auflisten aller Prozesse (a für all), auch die ohne tty (x).

```
user@acerian:~$ ps ao pid,ppid,comm,user,%cpu,%mem
```
Auflisten aller (a für all) Prozesse mit tty (x fehlt) mit den Fehlern (o für output fields) pid, ppid, comm, user, %cpu, %mem:

```
PID   PPID COMMAND          USER     %CPU %MEM
637      1 agetty          root      0.0  0.0
658    642 Xorg            root     17.1  1.5
... Ausgabe gekürzt
```

```
user@acerian:~$ ps axl -H
```
Anzeigen aller (ax) Prozesse im ausführlichen Listenformat (l für long format) und hierarchischer Darstellung (-H).

pstree

```
user@acerian:~$ pstree
```
Anzeigen aller Prozesse in einer hierarchischen Baumansicht.

```
user@acerian:~$ pstree -gph
```
Anzeigen aller Prozesse in einer hierarchischen Baumansicht inklusive PID (-p) und PGID (-g für process group ID) und hervorheben (-h für highlight) des aktuellen Prozesses und seiner Ahnenprozesse.

renice

```
root@acerian:~# renice -n 10 -p 23749
```
Priorität des Prozesses mit der PID (-p) 23749 auf 10 setzen. (Bedeutung der Zahlenwerte für -n siehe Befehl nice)

sleep

```
user@acerian:~$ sleep 300
```
Fünf Minuten (300 Sekunden) warten.

time

```
user@acerian:~$ time bash load_web_backup.sh
```
Messen wie lange das Script zur Ausführung braucht:
```
real    0m 47,194s
user    0m 01,688s
sys     0m 03,104s
```

tload

```
user@acerian:~$ tload
```
Aktuelle Prozessorauslastung anzeigen. (Wird laufend aktualisiert - Beenden mit `Strg + c`)

top

```
user@acerian:~$ top
```
Prozesse sortiert nach CPU-Auslastung auflisten. (Liste aktualisiert sich laufend.)

Mit der Taste k (kill) kann man einen Prozess beenden. Sobald man k drückt wird eine Zeile nach diesem Schema angezeigt:
```
PID to signal/kill [default pid = 581]
```

Die vorgeschlagene PID ist diejenige mit der höchsten CPU-Auslastung und man kann Sie mit Enter übernehmen oder eine andere PID eingeben. Danach wir gefragt ob das SIGTERM (15) oder SIGKILL (9) Signal (siehe Befehl kill) gesendet werden soll. Mit der Taste Esc kann man den Vorgang abbrechen.

Durch drücken der Taste q wird top wieder beendet.

ulimit

```
user@acerian:~$ ulimit -a
```
Alle User-Limits für den aktuellen User anzeigen. (Praktischer Weise werden in der
Auflistung auch gleich die Schalter zum Setzen der Werte angezeigt.)

```
user@acerian:~$ ulimit -n 3000
```
Limits der geöffneten Dateien für den aktuellen User auf 3000 setzen.
(Nur root darf sich höhere Limits setzen als in /etc/security/limits.conf eingestellt.)

wait

```
user@acerian:~$ wait 27045
```
Terminal blockieren bis der Prozess mit der PID 27045 beendet wurde.
(Praktisch um die Script-Ausführung anzuhalten bis ein Programm seine Aufgabe beendet hat.)

watch

```
user@acerian:~$ watch -n 30 "ls -lh"
```
Alle 30 Sekunden (-n für number) den Befehl ls -lh ausführen.
(Beenden mit Strg + c)

xkill

```
user@acerian:~$ xkill
```
Der Cursor wird zum X, Fadenkreuz oder Totenkopf (je nach System) - Sie
beenden das Fenster das Sie mit diesem Cursor anklicken.

DIVERSE KOMMANDOS

`apropos`	Kommandos anhand von Stichwörtern finden
`bc`	Rechner
`bzip2` `bunzip2`	Dateien komprimieren bz2-Dateien entpacken
`cal`	Kalender anzeigen
`clear`	Löschen des Bildschirminhaltes
`date`	Anzeige des Datums
`ddate`	Ausgabe des discordischen Datums
`dircolors`	Anpassung der Farben von `ls`
`exit`	Ende der Sitzung
`logger`	Eintrag in die Datei "systemlog" schreiben
`logout`	Ausloggen aus einer Session
`ftp`	FTP-Client
`mail`	Email-Postfach abfragen
`man`	Ausgabe der Handbuchseite zu einem Befehl
`nano`	Editor
`scp`	Sicheres kopieren von Dateien über `ssh`
`seq`	Zahlensequenz erzeugen

`sftp`	Verschlüsseltes FTP
`sl`	Anzeige einer Dampflok
`tar`	Dateien und Ordner packen und entpacken
`tee`	Eingabe gleichzeitig in eine Datei und eine Pipe umleiten
`wget`	Download-Manager
`whatis`	Kurzbeschreibung zu einem Befehl anzeigen
`whereis`	Pfad zum Befehl und zur Manpage anzeigen
`which`	Pfad zu einem Befehl anzeigen
`zip`	Dateien komprimieren
`unzip`	Komprimierte Dateien entpacken

Dies & Das - Befehle die nirgendwo so recht reinpassen wollten oder auch nicht immer ganz ernst gemeint sind...

apropos

```
user@acerian:~$ apropos kopieren
```
Befehle auflisten in deren Manpages das Wort "kopieren" vorkommt.

bc

Im Grunde ist bc gar nicht so "Basic" wie der Name vermuten lässt vielmehr verbirgt sich dahinter eine kleine Programmiersprache mit der alle möglichen mathematischen Probleme gelöst werden können.

```
user@acerian:~$ bc
bc 1.06.95
Copyright 1991-1994, 1997, 1998, 2000, 2004, 2006 Free Software
Foundation, Inc.
This is free software with ABSOLUTELY NO WARRANTY.
For details type `warranty'.
3*7
21
sqrt(9)
3
quit
```

Natürlich können wir bc auch direkt als Taschenrechner verwenden und so mit 3*7 die Zahlen 3 und 7 multiplizieren oder mit sqrt(9) die Qaudratwurzel aus 9 ziehen. Die Grundrechnungsarten + und - sollten selbsterklärend sein. Für die Division wird das /-Zeichen verwendet und mit quit verlassen wir die bc-Shell wieder.

```
user@acerian:~/Downloads$ bc
bc 1.06.95
9/2
4
scale=10
9/2
4.5000000000
```

Viele Anfänger lassen sich durch die Arbeitsweise von bc verwirren, wenn Sie mit Kommazahlen arbeiten wollen dann muss das bc explizit mitgeteilt werden! Andernfalls arbeitet bc nur mit Ganzzahlen. Daher liefert 9 geteilt durch 2 auch nur 4 und nicht 4,5.

Durch scale=10 legen Sie eine Genauigkeit von 10 Nachkommastellen fest und sogleich erhalten wir bei der erneuten Durchführung der Berechnung das richtige Ergebnis.

bzip / bunzip

```
user@acerian:~$ bzip2 file3.txt
```
Datei "file3.txt" komprimieren. (Die komprimierte Datei erhält den gleichen Dateiname mit der zusätzlichen Erweiterung .bz2, die Originaldatei wird gelöscht. Mit der Option -k für "keep" bleibt die Originaldatei erhalten!)

```
user@acerian:~$ bunzip2 file3.txt.bz2
```
Die Datei "file3.txt.bz2" wieder auspacken.

cal

```
user@acerian:~$ cal 01 2020
```
Anzeige des Kalenders für 01/2020. (Ohne Angabe von Monat und Jahr wird der Kalender für das aktuelle Monat angezeigt.)

```
      Januar 2020
 So  Mo  Di  Mi  Do  Fr  Sa
              1   2   3   4
  5   6   7   8   9  10  11
 12  13  14  15  16  17  18
 19  20  21  22  23  24  25
 26  27  28  29  30  31
```

```
user@acerian:~$ cal -j 02 2020
```
Anzeige des Kalenders für 02/2020 wobei statt dem Datum der Tag des Jahren angezeigt wird (-j).

```
        Februar 2020
So   Mo   Di   Mi   Do   Fr   Sa
                                32
33   34   35   36   37   38   39
40   41   42   43   44   45   46
47   48   49   50   51   52   53
54   55   56   57   58   59   60
```

clear

user@acerian:~$ clear
Löschen des Bildschirminhaltes.

date

user@acerian:~$ date
Aktuelles Datum und Uhrzeit anzeigen:
Mo 2. Apr 13:36:55 CEST 2018

user@acerian:~$ date +%d.%m.%Y
Aktuelles Datum im Format Tag.Monat.Jahr (mit führender 0) anzeigen:
02.04.2018

user@acerian:~$ date +%U
Aktuelles Datum als Kalenderwoche anzeigen:
13

user@acerian:~$ date -d 2017-12-12 +%U
Die Kalenderwoche des 12.12.2017 (–d für date) anzeigen:
50

ddate

```
user@acerian:~$ ddate
```
Datum in discordischen Kalender anzeigen:
```
Today is Setting Orange, the 27th day of Discord in the YOLD 3184
```

Im Grunde ist die häufigste Verwendung dieses Programmes es einem Kollegen unterzuschieben, der recht schnell tippt und dann zu warten bis dieser versehentlich `ddate` statt `date` tippt. Der Gesichtsausdruck beim lesen der Programmausgabe ist oftmals unbezahlbar!

dircolors

```
user@acerian:~$ dircolors -p > ~/.dircolors
```
Konfigurationsdatei generieren lassen. (Die Datei kann dann mit einem Editor bearbeitet werden.)

Die Konfiguration wird durch einfügen der Zeile
```
eval "$(dircolors -b ~/.dircolors)"
```
in die Datei `~/.bashrc` übernommen.

exit

```
root@acerian:/home/user# exit
```
Abmelden aus einer Session.

logger

```
user@acerian:~$ logger "Houston, wir haben ein Problem!"
```
Eine Meldung in die Datei /var/log/syslog schreiben.

logout

```
user@acerian:~$ logout
```
Abmelden vom Rechner

ftp

```
user@acerian:~$ logout
```
FTP-Client starten (interaktiver Prompt).

```
ftp> open 85.6.7.8
```
Mit der IP 85.6.7.8 verbinden. (Sie werden dann nach dem Login und Passwort gefragt)

```
ftp> help
```
Unterstützte Kommandos anzeigen.

```
ftp> quit
```
Programm beenden.

mail

```
user@acerian:~$ logout
```
Neue Nachriten aus /var/mail/user abrufen. (Lokaler User-Mailaccount)

man

```
user@acerian:~$ man ls
```
Anzeige des Handbuches für einen Befehl ls. (Die Handbuchseiten werden in less angezeigt - Bedienung siehe Befehl less).

nano

```
user@acerian:~$ nano liste.txt
```
Die Datei "liste.txt" editieren.

scp

```
user@acerian:~$ scp tomek@85.6.7.8:/home/tomek/API.pdf /
home/user/Documents
```
Die Datei "API.pdf" als User "tomek" vom Rechner mit der IP 85.6.7.8 aus dem Ordner /home/tomek/ in den Ordner /home/user/Documents auf dem eigenen Rechner kopieren. (Verbindung läuft über ssh)

seq

```
user@acerian:~$ seq 1 5
```
Die Zahlen 1 bis 5 (eine pro Zeile) ausgeben.

```
user@acerian:~$ seq -s " " 1 5
```
Die Zahlen 1 bis 5 mit Leerzeichen getrennt (-s für seperator) ausgeben.

sftp

```
user@acerian:~$ sftp maxtest@192.168.1.7
```
SFTP-Shell öffnen und als User "maxtest" mit dem Rechner 192.168.1.7 verbinden.

```
sftp> help
```
Unterstützte Kommandos anzeigen.

```
sftp> quit
```
Programm beenden.

sl

```
user@acerian:~$ sl
```
ASCII-Art Dampflok, die über den Bildschirm fährt anzeigen.

Im Grunde ist die häufigste Verwendung dieses Programmes es einem Kollegen unterzuschieben, der recht schnell tippt und dann zu warten bis dieser versehentlich sl statt ls tippt. Der Gesichtsausdruck wenn statt der Dateiliste eine Dampflok erscheint ist unbezahlbar!

tar

```
user@acerian:~$ tar -cvf backup.tar ./backup/
```
Den Ordner "backup" in die "backup.tar" packen. Hierbei stehen -c für create (erstellen), -v für verbose (ausführliche Ausgabe) und -f für filename (Dateiname).

```
user@acerian:~$ tar -xvf backup.tar
```
Das TAR-Archiv "backup.tar" auspacken (-x für extract). Da beim Packen der Pfad ./backup/ (Unterordner Namens backup im aktuellen Verzeichnis) angegeben wurde wird der gleiche Pfad beim Auspacken auch verwendet. (Daten werden ohne Nachfrage überschrieben.)

tee

```
user@acerian:~$ ls -l | tee ls.log | grep "Bla"
```
Ganze Ausgabe von ls -l in die Datei "ls.log" schreiben und an den Befehl grep weiterleiten, der in den Daten nach "Bla" filtert. (Die Datei wird dabei immer wieder überschrieben. Mit der Option -a lassen sich Daten auch an die Datei anhängen.)

Damit kann einerseits die vollständige Ausgabe geloggt werden während in stdout nur das Ergebnis der Filterung durch grep angezeigt wird.

```
user@acerian:~$ ls -l | tee ls.log
```
Ganze Ausgabe von ls -l in die Datei "ls.log" schreiben und gleichzeitig in stdout anzeigen.

wget

`user@acerian:~$ wget -c http://ftp.uni-hannover.de/centos/7/isos/x86_64/CentOS-7-x86_64-NetInst.iso`
ISO-Datei herunterladen. (Der Schalter -c sorgt dafür, dass der Download nach einem Verbindungsabbruch fortgesetzt werden kann)

`user@acerian:~$ wget -p -k http://orf.at/`
Seite offline verfügbar machen. (Inklusive aller Dateien und Unterseiten)

whatis

`user@acerian:~$ whatis ls`
Kurzbeschreibung des Befehls ls anzeigen.

whereis

`user@acerian:~$ whereis ls`
Pfad zur Manpage und zur Binärdatei des Befehls ls anzeigen.

which

`user@acerian:~$ which ls`
Pfad zur Binärdatei des Befehls ls anzeigen.

zip / unzip

`user@acerian:~$ zip files.zip file1.txt file2.txt`
Die Dateien "file1.txt" und "file2.txt" in das ZIP-Archiv "files.zip" packen.
(Original-Dateien bleiben in Gegensatz zu bzip2 erhalten)

`user@acerian:~$ unzip files.zip`
Dateien entpacken. (Vor dem Überschreiben von Dateien wird nachgefragt.)

REGULÄRE AUSDRÜCKE

Reguläre Ausdrücke erlauben es nach Mustern zu filtern - zum Bessern Verständnis sehen wir uns einmal folgendes Beispiel an:

```
user@acerian:~$ grep ^[^#] /etc/bash.bashrc
```
Die Datei "bash.bashrc" ohne Kommentar-Zeilen ausgeben.

Das erste ^ steht hierbei für den Zeilenanfang, mit [ ] wird eine Zeichen-Klasse gebildet und das innere ^# heißt: Alle Zeichen außer #.
Also Zeilen, die nicht mit einem #-Zeichen (= Kommentar-zeichen) beginnen.

Klassisch kann man soetwas nicht filtern da in jeder Kommentar-Zeile etwas anderes steht. Einzig das Muster, dass Kommentarzeilen immer mit dem #-Zeichen beginnen ist ihnen gemein! (REGEXP könnten alleine ein Buch füllen. Verstehen Sie dieses Kapitel bitte als kleinen Ausblick und keinesfalls als vollständige Einführung!)

```
user@acerian:~$ ls -l | grep \.php$
```
Nur PHP-Dateien herausfiltern.

Bei regulären Ausdrücken oder kurz REGEXP steht der . für ein beliebiges Zeichen, durch das Voranstellen von \ wird ihm diese Sonderbedeutung entzogen (quoten). Das $-Zeichen steht für das Zeilenende.
Wir filtern also die Zeilen, die mit ".php" enden!

Ein schlichtes `grep php` würde auch die Dateien "phpbuch.pdf" und "php_logo.png" liefern! (Erstellen Sie die 3 Dateien und versuchen Sie es selbst...)

```
user@acerian:~$ grep --color t[wo]o /usr/share/common-
licenses/GPL-3
```
Zeilen, die entweder "two" oder "too" enthalten filtern.

Mit [ ] wird wie schon gesagt eine Zeichen-Klasse gebildet. Jedes der Zeichen darf ohne weitere Quantifizierung (zB * für 0 bis mehrfach) dürfen die Zeichen einmal entweder/oder vorkommen. Somit werden Zeilen gefunden, die den Text t gefolgt von w oder o gefolgt von einem o enthalten - also "two" oder "too" enthalten.

```
user@acerian:~$ grep --color "([A-Za-z0-9 ]*)" /usr/sha-
re/common-licenses/GPL-3
```
Zeilen mit Anmerkungen in Klammern finden.

Gesucht wird hier das Muster öffnende runde Klammer gefolgt von beliebig vielen Groß- oder Kleinbuchstaben oder Ziffern oder Leerzeichen
(dafür steht `[A-Za-z0-9 ]*`, wobei der `*` für alle Zeichen der Gruppe als Quantifizierung gilt)
gefolgt von einer schließenden runden Klammer.

`--color` hebt die Treffer von `grep` farblich hervor um so besser zu sehen
worauf das Muster passt. (Hilfreich bei der Fehlersuche)

So auch hier, denn unser Muster findet auch (c) und das ist keine Anmer-
kung!

```
user@acerian:~$ grep --color -E "\([A-Za-z0-9 ]{2,}\)" /
usr/share/common-licenses/GPL-3
```
Anmerkungen mit 2 bis beliebig vielen Zeichen in runden Klammern.

Hier steht `-E` für extended also erweiterte REGEXP. Damit kommt auch
den runden Klammern eine Sonderbedeutung zu und wir müssen Sie
quoten. `{2,}` als Quantifizierung steht für mind. 2 Zeichen, max. beliebig
viele Zeichen.

```
user@acerian:~$ grep --color -E "(this|and|that)" /usr/
share/common-licenses/GPL-3
```
Zeilen, die "this", "and" oder "that" enthalten.

Bei erweiterten regulären Ausdrücken kann man mit ( ) eine Wortliste de-
finieren und mit | die einzelnen Einträge mit und/oder verknüpfen. Das
Muster lautet also: Zeilen, die das Wort "this" und/oder "and" und/oder
"that" enthalten.

Reguläre Ausdrücke sind sehr mächtig aber allzuoft übersieht man mögliche falsch-positve Treffer. Testen Sie also ausführlich und spielen Sie den
Ausdruck mehrfach durch bevor Sie REGEXP in einem Cronjob auf die Pro-
zessverwaltung Ihres Servers loslassen! ;-)

PAKETVERWALTUNG

Windows-Umsteiger fragen sich anfangs oft wozu man eine Paketverwaltung benötigt... Die Antwort ist eigentlich einfach - so kann man mit nur einem Update-Mechanismus alle Pakete (von Schriften, über Treiber, Anwendersoftware bis hin zu Systemkomponenten und Serverdiensten) auf einen Schlag aktualisieren.

Außerdem lässt sich das Scripten und nach dem Aufsetzen einer Worksation kann man den Vorgang für jede weitere automatisieren!

Darüber hinaus kann die Paketverwaltung Abhängigkeiten auflösen. Windows-User kennen sicher Software, die das .NET-Framework in Version X benötigt. So etwas nennt man Abhängigkeit - Software X kann ohne Paket Y nicht laufen.

Diese Informationen sind natürlich in einem Paket ebenfalls enthalten und der Paketmanager kann Sie auswerten und wird automatisch die benötigten Pakete mit herunterladen und installieren!

apt-get / apt-cache / dpkg

In Debian-basierten Distributionen (Debian selbst, Linux Mint, Ubuntu, ...) kommt `apt` zum Einsatz. Außerdem wird hier mit `.deb`-Paketen gearbeitet.

```
root@acerian:~# apt-get update
```
Paketlisten aktualisieren. (Notwendig vor der Verwendung von `apt-get`)

```
root@acerian:~# apt-get upgrade
```
Alle verfübaren Updates installieren.

```
root@acerian:~# apt-get install nano
```
Das Programm `nano` installieren.

```
root@acerian:~# apt-cache search hexeditor
```
Suchen nach Paketen die zu dem Schlüsselwort "hexeditor" passen.

```
root@acerian:~# apt-get remove nano
```
Das Programm nano deinstallieren.

```
root@acerian:~# dpkg -i paket.deb
```
Ein Programm aus einer Paket-Datei installieren. (Paketformat: .deb)
(Abhängigkeiten werden NICHT automatisch aufgelöst!)

yum / dnf / rpm

In RedHat-basierten Distributionen mit einem älteren Paket-Stand
(zB Centos) kommt noch yum zum Einsatz, in Distros, die neuere Pakete verwenden (zB Fedora) verrichtet schon dnf seinen Dienst. Die Optionen von
yum und dnf sind weitgehend ident! Für diese Distributionen werden
.rpm-Pakete verwendet.

Speziell hier kommt der Auswahl der Distribution eine größere Rolle zu.
Es gilt zwischen neuesten Softwareversionen, die aber eventuell nicht
ganz stabil laufen (bleeding edge) und älteren Softwareversionen, die dafür
länger getestet wurden und sehr stabil laufen abzuwägen.

```
root@fileos ~# yum update
```
Alle verfübaren Updates installieren. (Vor jeder Verwendung aktualisieren yum oder
dnf die Paketleisten automatisch.)

```
root@fileos ~# yum search hexeditor
```
Suchen nach Paketen die zu dem Schlüsselwort "hexeditor" passen.

```
root@fileos ~# yum install nano
```
Das Programm nano installieren.

```
root@fileos ~# yum remove nano
```
Das Programm nano deinstallieren.

```
root@fileos ~# rpm -i paket.rpm
```
Ein Programm aus einer Paket-Datei installieren. (Paketformat: .rpm)
(Abhängigkeiten werden NICHT automatisch aufgelöst!)

BASH-SCRIPTING

Ein Bash-Script ist eine simple Text-Datei, die Kommandos und teilweise logische Verzweigungen und/oder Schleifen enthält. Damit lassen sich zB wiederkehrende Aufgaben automatisieren.

Ein sehr einfaches aber sehr effektives Shell-Script ist ein Setup-Script. Ich persönlich verwende diese Scripte bei allen meinen Kunden und natürlich auch für meine eigenen Rechner.

Sehen wir uns einmal so ein Script an:

```
#!/bin/bash

# Software-Installation
apt-get update

apt-get -y install xfce4-*-plugin
apt-get -y install thunderbird geany gftp libreoffice-
draw libreoffice-impress libreoffice-writer libreoffice-
calc libreoffice-help-de libreoffice-l10n-de hunspell-
de-at-frami hyphen-de mythes-de abiword gnumeric links
elinks iftop mc hexchat hexedit unrar ncftp gpick gigolo
nmap vim samba eog gwenview kcolorchooser php php-cli
php-common php-gd php-imap php-xml php-opcache php-
mbstring phpmyadmin php-mysqlnd mariadb-server apache2
ufw sshfs gvfs-fuse gvfs-backends openssh-server gparted

# Netzlaufwerk einrichten
mkdir /FILESERVER
chown 1000:1000 /FILESERVER/
echo " " >> /etc/fstab
echo "# Netz-Laufwerke" >> /etc/fstab
echo "//192.168.0.10/FILESERVER   /FILESERVER   cifs
rw,username=anoors,password=PassWort321Deins,uid=1000,gi
d=1000,user,users,exec   0 0" >> /etc/fstab
mount /FILESERVER
```

```
# Firewall & Dienste einrichten
ufw enable
ufw default deny incoming
ufw default allow outgoing
ufw allow ssh
ufw allow http
ufw allow https
ufw allow mysql

systemctl enable ssh.service
systemctl start ssh.service
systemctl enable apache2.service
systemctl enable mariadb.service

# Systemupdate & Neustart
apt-get -y upgrade
shutdown -r now
```

In der Regel wird der Interpreter für ein Script in der ersten Zeile mit dem sogenannten Pseudo-Kommentar festgelegt. Ein solcher Pseuo-Kommentar sind die Zeichen #! gefolgt vom absoluten Pfad zum Interpreter - hier #!/bin/bash.

Wer das Buch bis hier hin zumindest überflogen hat sollte das Script problemlos verstehen. Dennoch will ich es für alle Fälle kurz erklären.

Da dieses Script für ein Debian-System konzipiert ist wird mit apt-get die zusätzlich benötigten Pakete nachinstalliert. Der Schalter -y sorgt dafür, dass die Installation ohne zusätzliche Bestätigung erfolgt und alle eventuellen Fragen automatisch mit Ja beantwortet werden.

Da unter Linux alle Einstellungen in einfachen Text-Dateien verwaltet werden kann man einfach mit einem echo und der Umleitung der Ausgabe in die Datei /etc/fstab einen automatischen Mounteintrag erzeugen. (Alle Einträge in dieser Datei werden beim Booten des Systems autoamtisch eingehängt). So wird also der Eintrag für dem Samba-Mount des NAS-Laufwerks erstellt und dann gleich gemountet.

Danach wird mit `ufw` eine einfache Grundkonfiguration der Firewall erstellt und die zuvor installierten Dienste so eingerichtet, dass Sie beim Systemstart mit gestartet werden.

Zu guter Letzt werden alle Systemupdates installiert und der Rechner neu gestartet. Dies ist zB nötig um einen neueren Kernel zu verwenden.

Der Vorteil eines solchen Scripts ist nicht nur, dass man sich ein wenig Arbeit erspart sondern vor allem, dass man nicht aus verstehen einen Schritt vergessen kann. Vor allem in einem Firmenumfeld ist so etwas sehr nützlich um einheitliche Arbeitsumgebungen zu erreichen.

Natürlich kann so ein Script noch viel weiter gehen und Dinge wie den Desktop-Hintergrund, Leisten und Menüs der Desktop-Umgebung, Programmeinstellungen und vieles mehr einrichten.

Editiert bzw. erstellt wird so ein Script mit einem beliebigen einfachen Text-Editor. Viele Editoren haben ein sogenanntes Syntax-Highlighting - also eine farbliche Hervorhebung bestimmter Sprachelemente. Dies erleichtert das Lesen solcher Scripte um einiges außerdem kann man anhand der Färbung so manchen Tippfehler identifizieren.

An dieser Stelle möchte ich `Gedit`, `Geany` oder `Kate` für die grafische Umgebung und `vim` bzw. `emacs` für die Kommandozeile nennen.

Variablen

Variablen sind Bereiche in RAM-Speicher welche man über einen Namen ansprechen kann. Dies eignet sich dazu um bestimmte Werte an einer zentralen Stelle im Script zu definieren oder um Ausgaben von Programmen zwischenzuspeichern.

```
#!/bin/bash
home="/home"
me=$(whoami)
myhome="$home/$me"
ls $myhome
```

Zuerst wird die Variable home definiert und dieser die Zeichenkette /home zugewiesen.

In me speichern wir die Ausgabe des Befehls whoami zwischen. Dies erreichen wir mit der sogenannten Kommando-Subsitution $(...). Alternativ könnte man auch me=`whoami` schreiben.

Dann setzen wir den Pfad zum Heim-Verzeichnis mit myhome="$home/$me" zusammen. Beachten Sie hierbei, dass wir beim zuweisen eines Wertes kein $-Zeichen vor den Variablennamen stellen dürfen. Wenn wir auf den Wert einer Variablen zugreifen wollen dann müssen wir allerdings das $-Zeichen voranstellen!

Schließlich wird mit ls der Inhalt des Benutzer-Verzeichnises desjenigen Benutzers aufgelistet der das Script ausführt.

Variablennamen abgrenzen

```
#!/bin/bash
prefix="backup_"
cp script.sh $prefixscript.sh
```

Führen wir dieses Script aus wird eine Datei namens .sh erstellt und nicht etwa wie gewünscht die backup_script.sh. Dies liegt daran, dass die Bash nicht weiß wo der Variablenname aufhört. Daher werden alle Zeichen zum Variablennamen gezählt, die in einem Variablennamen vorkommen dürfen. Das sind Buchstaben, Ziffern und Unterstriche. Daher versucht die Shell auf den Inhalt der Variablen `prefixscript` zuzugreifen und da diese nicht existiert wird dies als Leerstring interpretiert.

Rufen wir das Script wie folgt auf

```
alicia@acerian:~$ bash -u script.sh
```

erhalten wir diesen Fehler:

```
script.sh: Zeile 3: prefixscript ist nicht gesetzt.
```

Nur werden wir gewarnt, dass wir die Variable `prefixscript` verwenden wollen, diese aber noch gar nicht definiert wurde. In so einem Fall können wir den Variablennamen in {} einfassen und `cp script.sh ${prefix}` `script.sh` schreiben. Dadurch weiß der Interpreter wo der Variabenname aufhört.

Beim vorherigen Beispiel (`myhome="$home/$me"`) war die Abgrenzung zwischen den Variablennamen klar, da ein solcher kein /-Zeichen enthalten darf. Daher konnten wir auf die Kennzeichnung mit {} verzichten.

unset
Löschen von Variablen

```
#!/bin/bash
var="bla"
unset var
echo "var hat nun den Inhalt: '$var'"
```

liefert `var hat nun den Inhalt: ''`

Unset löscht die Variable komplett. Würden wir das Script wieder mit `bash -u` ausführen dann bekämen wir an dieser Stelle einen Fehler. Alternativ dazu kann man auch mit `var=""` einfach einen Leerstring definieren um nur den Wert zu löschen aber die Variable zu erhalten.

readonly
Variablen vor Veränderung schützen

Manchmal soll eine Variable nicht mehr nachträglich veränderbar sein. In so einem Fall spricht man von einer Konstanten. Mit dem `readonly` Kommando können Sie aus einer Variable eine Konstante machen:

```
#!/bin/bash
pi=3.14
readonly pi
pi=5
```

liefert:

```
alicia@acerian:~$ bash script.sh
script.sh: Zeile 4: pi: Schreibgeschützte Variable.
```

$0 / $$ / $?
Besondere Variablen

```
#!/bin/bash
echo "Scriptname: $0"
echo "Script-PID: $$"
mkdir test
echo "mkdir-Rückgabe: $?"
rmdir gibtsnicht > /dev/null 2>&1
echo "rmdir-Rückgabe: $?"
```

liefert:

```
alicia@acerian:~$ bash script.sh
Scriptname: script.sh
Script-PID: 11559
mkdir-Rückgabe: 0
rmdir-Rückgabe: 1
```

Mit $0 kann auf den Dateinamen und mit $$ auf die PID des Scripts zugegriffen werden. $? liefert den Rückgabe-Wert des vorherigen Kommandos.

Hierzu muss ich sagen, dass Linux-Programme beim Beenden einen Rückgabewert liefern. Sofern dieser größer als 0 ist, bedeutet das, dass ein Fehler aufgetreten ist. Die Zahl 0 steht im Umkehrschluss für eine Erfolgsmeldung.

So kann die Korrekte Abarbeitung eines Befehls überprüft werden. So kann zB überprüft werden ob das Backup erstellt werden konnte und wenn nicht kann das Script mit dem `mail`-Befehl eine Nachricht an den Benutzer-Account des Administrators oder an `root` senden.

Sobald sich dieser User oder `root` das nächste mal im Terminal bewegen erhalten Sie einen Hinweiß, dass das etwas nicht geklappt hat. Sofern der Mail-Versand den Server nicht verlässt ist keinerlei Konfiguration nötig - das klappt auch in der Standard-Konfig, die bei der Installation mitgeliefert wird.

Parameter & Argumente

Oftmals will man einem Script einen Parameter übergeben. Denken Sie zB an `mkdir` - der Befehl hätte wenig Sinn wenn man nicht mit einem Parameter den Namen des zu erstellenden Ordners übergeben könnte.

$* / $#

Erstellen wir folgendes Script

```
#!/bin/bash
echo "$1 $2 $3 $4 $5 $6 $7 $8 $9"
echo $*
echo $#
```

und führen es aus:

```
alicia@acerian:~$ bash script.sh a b c d e f g h i j k l m
a b c d e f g h i
a b c d e f g h i j k l m
13
```

Mit den Variablen $1 bis $9 haben Sie direkt Zugriff auf die ersten neun Parameter. In den allermeisten Fällen sollten Sie damit auskommen.

Für den Fall, dass Sie eine variable Anzahl an Parametern verwenden wollen bzw. müssen gibt es $*. In dieser Variable werden alle Parameter als ein String gespeichert. Diese Parameter müssen Sie dann zB mit der `for`-Schleife trennen und verarbeiten.

Die Variable $# enthält die Anzahl der übergebenen Argumente.

Argumente mit Leerzeichen

```
#!/bin/bash
echo "$1 :: $2 :: $3"
```

Argumente werden bei der Übergabe durch Leerzeichen voneinander getrennt. Wenn ein Argument selbst Leerzeichen enthalten soll dann gibt es folgende Varianten diese als Teil des Arguments zu markieren:

```
alicia@acerian:~$ bash script.sh "a b c" d\ e\ f 'g h i'
a b c :: d e f :: g h i
```

Einerseits können wir die Zeichenkette mit " oder ' einschließen und andererseits können wir bestimmten Leerzeichen durch das Voranstellen eines \ ihre Bedeutung als Trennzeichen entziehen. (Man spricht hier auch von Quoten.)

Vorgabewerte für Parameter

```
#!/bin/bash
name=$(whoami)
name=${1:-$name}
echo "Hallo $name!"
```

liefert:

```
alicia@acerian:~$ bash script.sh
Hallo alicia!
```

```
alicia@acerian:~$ bash script.sh paul
Hallo paul!
```

Die Zeile name=${1:-$name} ersetzt den Wert der Variablen. Hierbei gibt es folgende Varianten:

var=${a:-$b} ... var=$a wenn $a nicht leer ist sonst var=$b

var=${a:+$b} ... var=$a wenn $a leer ist sonst var=$b

var=${a:=$b} ... var=$b wenn $a nicht gesetzt oder leer ist
                 sonst var=$a

var=${a:?$b} ... var=$a wenn $a nicht leer ist sonst
                 wird $b als Fehler ausgegeben und das Script beendet.

Kontrollstrukturen

Oftmals ist es notwendig auf ein Ereignis oder einen Umstand zu reagieren oder einen speziellen Fall zu berücksichtigen. So etwas haben wir bei dem Beispiel, dass das User-Verzeichnis ermittelt.

Würde das Script von root ausgeführt werden würde fälschlicherweise /home/root als Verzeichnis angenommen werden da das Heim-Verzeichnis von root aber /root ist müssen wir hier diesen Sonderfall berücksichtigen.

if

```
#!/bin/bash
home="/home"
me=$(whoami)
if [ $me == "root" ]
then
        myhome="/root"
else
        myhome="$home/$me"
fi
echo $myhome
```

Hier prüfen wir zuerst ob der Inhalt der Variable me dem Text "root" entspricht und setzen dann (then) myhome="/root". Andernfalls (else) setzen wir myhome="$home/$me". Mit fi beenden wir den If-Block wieder.

```
alicia@acerian:~$ bash script.sh
/home/alicia

root@acerian:~# bash /home/ alicia/script.sh
/root
```

Zum Vergleichen von Texten haben wir folgende Optionen:

Ausdruck	Liefert wahr wenn ...
[$v1 == $v2]	die Werte von $v1 und $v2 gleich sind
[$v1 != $v2]	die Werte von $v1 und $v2 ungleich sind
[-z $v1]	$v1 leer ist oder nicht gesetzt
[-n $v1]	$v1 nicht leer ist

Natürlich lassen sich auch Zahlen miteinander Vergleichen. Dies ist vor allem bei Verwendung von $? sinnvoll:

```
#!/bin/bash
rmdir gibtsnicht > /dev/null 2>&1
if [ $? -eq 0 ]
then
        echo "Datei entfernt"
else
        echo "Entfernen hat nicht geklappt"
fi
```

liefert:

```
user@acerian:~$ bash script.sh
Entfernen hat nicht geklapp
```

Beim Vergleich von Zahlen haben Sie folgende Möglichkeiten:

Ausdruck	Liefert wahr wenn ...
[$v1 -eq $v2]	$v1 und $v2 gleich sind
[$v1 -ne $v2]	$v1 und $v2 ungleich sind

[$v1 -lt $v2]	$v1 kleiner als $v2 ist
[$v1 -gt $v2]	$v1 größer als $v2 ist
[$v1 -le $v2]	$v1 kleiner oder gleich als $v2 ist
[$v1 -ge $v2]	$v1 größer oder gleich als $v2 ist

Außerdem gibt es noch diese Vergleiche speziell für Dateien:

Ausdruck	Liefert wahr wenn ...
[-b datei]	datei ein Block-Device (Gerätedatei) ist
[-c datei]	datei ein Character-Device (Gerätedatei) ist
[-d datei]	datei ein Verzeichnis ist
[-f datei]	datei eine reguläre Datei (Bild, PDF, ...) ist
[-e datei]	datei existiert
[-L datei]	datei ein symbolischer Link ist
[-p datei]	datei eine named Pipe ist
[-S datei]	datei ein Socket ist
[-g datei]	das SetGID-Bit für datei gesetzt ist
[-u datei]	das SetUID-Bit für datei gesetzt ist
[-k datei]	das Sticky-Bit für datei gesetzt ist
[-r datei]	datei mit den Rechten unter dem das Script läuft leesbar ist

`[ -w datei ]`	`datei` mit den Rechten unter dem das Script läuft schreibbar ist
`[ -x datei ]`	`datei` mit den Rechten unter dem das Script läuft ausführbar ist
`[ -O datei ]`	`datei` existiert und der Benutzer des Scriptes auch Eigentümer der Datei ist
`[ -G datei ]`	`datei` existiert und der Benutzer des Scriptes die selbe GID wie die Datei hat

Für den Fall, dass mehrere Fälle unterschieden werden sollen gibt es darüber hinaus noch das Schlüsselwort `elif`:

```
#!/bin/bash
if [ $1 == "Alicia" ]
then
        echo "Hallo Admin!"
elif [  -z $1 ]
then
        echo "Hallo Unbekannter!"
else
        echo "Hallo $1!"
fi
```

liefert:

```
alicia@acerian:~$ bash script.sh Alicia
Hallo Admin!

alicia@acerian:~$ bash script.sh
Hallo Unbekannter!

alicia@acerian:~$ bash script.sh Paul
Hallo Paul!
```

case / read

```
#!/bin/bash
echo -n "Alles in Butter? "
read answer
case $answer in
        j*|J*) echo "Das freut mich!" ;;
        n*|N*) echo "Oh, tut mir leid!" ;;
        *)      echo "Ich verstehe deine Antwort nicht!" ;;
esac
```

liefert:

```
alicia@acerian:~$ bash script.sh
Alles in Butter? u
Ich verstehe deine Antwort nicht!

alicia@acerian:~$ bash script.sh
Alles in Butter? j
Das freut mich!

alicia@acerian:~$ bash script.sh
Alles in Butter? N
Oh, tut mir leid!
```

Mit read lesen wir eine Benutzereingabe in die Variable answer ein. Die Fälle von case werden nach dem Schema bedingung) befehle ;; formuliert. Hier bedeutet das j*|J*) beispielsweise $answer == "j" oder $answer == "J".

Der Fall *) ist der Standard-Fall und entspricht einem else bei einer if-Abfrage.

Ein ungedrehtes case - also ein esac - beendet den Block genau wie das fi bei den if-Blöcken.

Logische Verknüpfungen

Oftmals kommt es vor, dass mehrere Bedingungen miteinander verknüpft werden müssen.

Hierzu haben wir folgende Möglichkeiten:

```
if [ -f $logfile -a -w $logfile ]
```
... Wenn die Datei $logfile eine reguläre Datei (-f) und (-a) editierbar (-b) ist.

```
if [ $user == "alicia" -o $user == "root" ]
```
... Wenn der $user "alicia" oder (-o) "root" enthält.

```
if [ ! -d $folder ]
```
... Wenn $folder kein (!) Ordner ist. Das ! dreht die Bedeutung des folgenden Ausdruckes um (logische Negation).

Natürlich lassen sich auch Shell-Kommandos miteinander Verknüpfen:

```
mkdir /NAS/backup && cp * /NAS/backup/
```
... Wenn das Anlegen des Verzeichnisses geklappt hat kopiere die Daten in den neuen Ordner.

```
mount /NAS || exit 1
```
...Wenn das Mounten des NAS-Laufwerks fehlschlägt brich die Ausführung des Scriptes ab

for Schleife

Oftmals gilt es nicht nur bestimmte Fälle zu unterscheiden und auf gewisse Umstände zu reagieren, sondern eine Aufgabe mehrfach zu wiederholen.

```
#!/bin/bash
for i in $(find ./Downloads/ -iname "*.bak" -o -iname
"*.old" -o -iname "*.log")
```

```
do
        rm "$i"
done
```

Hier verwende ich die `for`-Schleife um für jedes Ergebnis der `find`-Suche (wieder einmal ein Fall für die Kommando-Subsitution) eine bestimmte Aktion auszuführen. Konkret ist dies ein Teil eines Upload-Scriptes, der vor dem Upload alle Backup- und Log-Dateien entfernt.

Für alle Freunde von Browser-Games habe ich ein kleines Cheat-Script:

```
#!/bin/bash
for ((i=0; i<=600; i++))
do
        xte 'mousemove 600 450'
        xte 'mouseclick 1'
        sleep 1
done
```

Bei dem Browsergame, dass ich spiele hat man die lästige Aufgabe kleine Mini-Spielchen mit viel lästiger Werbung zu spielen oder man muss einen Button hunterte Male anklicken bis die Ladung groß genug ist für eine weitere Runde.

Mit der Konstruktion `for ((i=0; i<=600; i++))` bringt man die Schleife dazu von 0 bis 600 zu zähen und jedes mal die drei Zeilen im Schleifenkörper (eingerückter Block) auszuführen.

`xte` ist ein CLI-Tool, dass es erlaubt die Maus zu steuern . Mit dem ersten Kommando bewege ich den Mauszeiger auf eine bestimmte Position und mit dem zweiten Kommando löse ich einen Linksklick aus. `sleep 1` sorgt dafür, dass danach 1 Sekunde gewartet wird.

Mit einem derartigen Script habe ich vor einiger Zeit auch das Löschen von Facebook-Nachrichten nach einer Nachrichten-Bombe oder diverse andere Dinge in Webseiten automatisiert.

Praktischer Weise ist die for-Schleife auch im Stande für alle Dateien in einem Ordner zu iterieren. Dies macht zB Sinn wenn man alle Dateierweiterungen von .JPG in .jpg abändern will:

```
#!/bin/bash
for i in ./*.$1
do
        filename=$(echo $i | sed "s/\.$1$//g")
        mv -v $i "$filename.$2"
done
```

liefert:

```
alicia@acerian:~$ bash fileext_renamer.sh PDF pdf
./4469858411.PDF -> ./4469858411.pdf
./API.PDF -> ./API.pdf
```

Außerdem lässt sich die for-Schleife für alle Texte verwenden deren Elemente mit einem Leerschritt getrennt sind. So wie bei $*:

```
#!/bin/bash
j=0
for i in $*
do
        j=$(expr $j + 1)
        echo "$j: $i"
done
```

liefert:

```
alicia@acerian:~$ bash script.sh a b c d e f g h i j k l m
1: a
2: b
... Ausgabe Gekürzt
13: m
```

while Schleife

Die `while`-Schleife wird so lange ausgeführt so lange die Bedingung (hier
`[ $i -le 5 ]`) wahr ist:

```
#!/bin/bash
i=1
while [ $i -le 5 ]
do
        echo -n "$i "
        i=$(expr $i + 1)
done
echo ""
```

liefert:

```
alicia@acerian:~$ bash script.sh
1 2 3 4 5
```

Im Gegensatz dazu arbeitet die

until Schleife

genau gegenteilig...

```
#!/bin/bash
i=1
until [ $i -eq 6 ]
do
        echo -n "$i "
        i=$(expr $i + 1)
done
echo ""
```

und läuft so lange bis die Bedingung erfüllt ist. Dieses Script liefert ebenfalls die gleiche Ausgabe:

```
alicia@acerian:~$ bash script.sh
1 2 3 4 5
```

Der Programmierer ist bei der `while`- genau wie bei der `until`-Schleife selbst dafür Verantwortlich die Schleifenabbruchbedingung irgendwann zu erreichen... Andernfalls wird die Schleife endlos weiterlaufen!

continue / break
Schleifensteuerung

Die Ausführung von Schleifen kann man mit `continue` und `break` beeinflussen.

`break` bricht die Ausführung der Schleife ab:

```
#!/bin/bash
for ((i=1; i<=5; i++))
do
        if [ $i -eq 3 ]
        then
                break
        fi
        echo -n "$i "
done
echo ""
```

liefert:
```
alicia@acerian:~$ bash script.sh
1 2
```

Im Gegensatz dazu sorgt `continue` dafür, dass sofort mit dem nächsten Schleifendurchlauf weitergemacht wird. Es werden also nur diejenigen Zeilen des Schleifenkörpers nach dem `continue` Kommando im aktuellen Durchlauf übersprungen:

```bash
#!/bin/bash
for ((i=1; i<=5; i++))
do
        if [ $i -eq 3 ]
        then
                continue
        fi
        echo -n "$i "
done
echo ""
```

liefert:

```
alicia@acerian:~$ bash script.sh
1 2 4 5
```

In Verbindung mit break kann man eine sogenannte Endlosschleife auch verwenden zum einen User zu einer gültigen Eingabe zu "zwingen":

```bash
#!/bin/bash
while [ 1 -le 2 ]
do
        read -p "Wählen Sie - a oder b: " input
        if [ $input == "a" -o $input == "b" ]
        then
                break
        fi
done
```

liefert:

```
alicia@acerian:~$ bash script.sh
Wählen Sie - a oder b: f
Wählen Sie - a oder b: gsad
Wählen Sie - a oder b: a
alicia@acerian:~$
```

Bis die Eingabe von "a" oder "b" erfolgt wird die Frage endlos wiederholt.

Funktionen

... sind in sich abgeschlossene Programmteile, die man auslagert um Sie eventuell auch wiederverwenden zu können.

```
#!/bin/bash
function bla() {
        echo "Bla, blub"
}

echo "Ausgabe der Funktion:"
bla

echo "Weiter im Programm:"
echo "foo"
```

liefert:

```
alicia@acerian:~$ bash script.sh
Ausgabe der Funktion:
Bla, blub
Weiter im Programm:
foo
```

Wie Sie an der Ausgabe sehen wird `Bla, blub` erst in dieser Zeile ausgegeben in der die Funktion mit `bla` aufgerufen wird. Am Anfang des Scripts wird die Funktion nur definiert - stellen Sie sich das wie einen Bauplan für einen Befehl vor den Sie selbst erstellen.

Erst wenn dieser Befehl aufgerufen wird, erfolgt die Ausgabe. Daher wird der Text " Ausgabe der Funktion" auch vor " Bla, blub" ausgegeben!

Parameterübergabe & Rückgabewert

Genau wie einem Bash-Script können wir auch einer Funktion Parameter übergeben. Selbstverständlich haben wir innerhalb der Funktion wieder Zugriff auf unsere bereits bekannten Variablen $1 bis $9 und $*!

```
#!/bin/bash
function add() {
        res=$(expr $1 + $2)
        echo $res
}

erg=$(add 3 2)
echo -n "3 + 2 = "
echo $erg
```

liefert:

```
alicia@acerian:~$ bash script.sh
3 + 2 = 5
```

Wie Sie sehen können wird die Funktion wie ein Kommandozeilenbefehl aufgerufen und es werden auch wie bei einem herkömmlichen Befehl die Parameter übergeben.

Die Rückgabe des Wertes könnte man mit einer globalen Variable lösen aber nachdem wir schon den Aufruf wie bei einem Linux-Befehl gestalten können wir in der Funktion den echo-Befehl verwenden und dann die Ausgabe wie bei einem herkömmlichen Befehl mit der Kommando-Substitution mittels erg=$(add 3 2) abzugreifen.

Damit brauchen wir uns für Systemkommandos und Funktionen nur einen einzigen einheitlichen Weg merken.

ALPHABETISCHES BEFEHLVERZEICHNIS

BUCHEMPFEHLUNGEN

29,90 EUR

ISBN: 978-3746012650
Verlag: BOD

Lernen Sie wie Hackertools arbeiten, um zu verstehen, wie Sie sich gegen diverse Angriffe schützen können.

Wenngleich das Thema ein sehr technisches ist, erklärt der Autor die Konzepte so allgemeinverständlich wie möglich. Ein Informatikstudium ist also keinesfalls notwendig, um diesem Buch zu folgen.

Dennoch wird nicht nur die Bedienung diverser Tools erklärt, sondern auch deren Funktionsweise so weit erklärt, dass Ihnen klar wird, wie die Tools arbeiten und warum ein bestimmter Angriff funktioniert.

19,90 EUR

ISBN: 978-3746091297
Verlag: BOD

Programmieren ist ein spannender und kreativer Prozess - darüber hinaus steigen Sie ganz nebenbei Ihr Verständnis für die Zusammenhänge am Computer.

Mit Python 3 ist der Einstieg in die Softwareentwicklung spielend einfach. Diese Moderne Programmiersprache wurde mit dem Hintergedanken designt möglichst einfach zu Lernen zu sein. Dennoch ist Python sehr mächtig! Lernen Sie wie man klassische Software, Webseiten und sogar eine KI mit Python entwickelt.

Webseiten hacken

Schnelleinstieg inkl. Entwicklung eigener Angriffsscripte

24,90 EUR

ISBN: 978-3746093475
Verlag: BOD

Das Internet ist schon lange kein friedlicher Ort mehr... Hacker, Cracker und allerhand Cyberkriminelle treiben sich darin herum.

Lernen Sie wie Webseiten angegriffen werden um an Ihre Daten zu kommen oder um den Nutzern Trojanische Pferde unterzuschieben.

Wer versteht wie dies gemacht wird der versteht auch wie man sich oder seine User davor schützen kann und wird solche Angriffe deutlich schneller erkennen!

(Das Buch ist als Fortsetzung von "Hacken mit Kali-Linux" konzipiert und baut stark auf die Inhalte dieses Buches auf.)

www.ingramcontent.com/pod-product-compliance
Lightning Source LLC
La Vergne TN
LVHW022349060326
832902LV00022B/4342